MOEWIG CHANCEN

Zum Buch

„Buchen Sie eine Reise nach Europa, solange es Europa noch gibt." Dieser Werbeslogan amerikanischer Reisebüros verdeutlicht eindringlich, in welch erschreckendem Maß die Bereitschaft gewachsen ist, einen dritten Weltkrieg in Kauf zu nehmen – einen Weltkrieg, der nach Expertenmeinung aller Wahrscheinlichkeit nach mit atomaren Waffen geführt würde.
Allen Abrüstungsbestrebungen zum Trotz werden heute pro Sekunde DM 27 000,– für die Rüstung ausgegeben. In ebendieser Sekunde verhungert irgendwo auf der Erde ein Kind. Für den Preis eines Tornado-Kampfflugzeugs könnten 10 Millionen Kinder der Dritten Welt gegen die häufigsten Infektionskrankheiten geimpft werden.
Gegen diese Mißstände anzukämpfen ist das erklärte Ziel der internationalen Vereinigung „Ärzte gegen den Atomkrieg" (IPPNW), die 1985 mit dem Friedensnobelpreis ausgezeichnet wurde. Das vorliegende Buch enthält Beiträge namhafter Mitglieder der westdeutschen Sektion der „Ärzte gegen den Atomkrieg" zum Thema der atomaren Rüstung und zur Frage der ärztlichen Verantwortung in der Atomkriegsdrohung.

Zum Herausgeber

Dr. med. Till Bastian, geb. 1949 in München, arbeitet als niedergelassener Arzt in Mainz.

Till Bastian

ÄRZTE gegen den Atom-krieg

Wir werden Euch nicht helfen können

MOEWIG CHANCEN

MOEWIG Band Nr. 3248
Verlag Arthur Moewig GmbH, Rastatt

Umschlagentwurf und -gestaltung: Werbeagentur Zeuner, Ettlingen
Verkaufspreis inkl. gesetzl. Mehrwertsteuer
Auslieferung in Österreich:
Pressegroßvertrieb Salzburg, Niederalm 300, A-5081 Anif
Printed in Germany 1987
Druck und Bindung: Ebner Ulm
ISBN 3-8118-3248-4

Inhalt

Vorwort zur Taschenbuchausgabe

Das vorliegende Buch ist im Sommer 1983 verfaßt worden, damals, als die Stationierung neuer Mittelstreckenraketen in der Bundesrepublik Deutschland unmittelbar bevorstand.
Aus diesem Plan ist mittlerweile Wirklichkeit geworden: Die Pershing-II-Raketen können, von deutschem Boden aus, in wenigen Minuten Kerngebiete der Sowjetunion erreichen. Zu Jahresbeginn 1985 ging eine dieser Raketen – glücklicherweise nicht mit einem Sprengkopf bestückt – in Flammen auf; mehrere Soldaten starben. Was wäre geschehen, wenn das mittlerweile als Gegenmaßnahme automatisierte sowjetische Frühwarnsystem den Brand dieser Rakete als deren Start gewertet hätte?
Die Explosion der Raumfähre Challenger, die Kernschmelze in Tschernobyl zeigen, wie störanfällig die moderne Großtechnik ist, allen anderslautenden Behauptungen zum Trotz. Auch die Gefahr eines Atomkrieges „aus Versehen", das heißt durch technisches und/oder menschliches Versagen, wächst Tag um Tag.
Immer neue, immer kompliziertere Waffen sichern den Frieden nicht, sondern gefährden ihn immer mehr. Das Anhäufen von Massenvernichtungswaffen macht ihren Einsatz keineswegs unwahrscheinlicher, im Gegenteil. Das Programm „Frieden schaffen mit immer weniger Waffen" ist ein bloßes Wunschbild geblieben. Das Wettrüsten geht ungehemmt weiter, 900 Milliarden Dollar hat es im „Jahr des Friedens" 1986 verschlungen, ja es droht jetzt noch mutwillig in den Weltraum hinausgetragen zu werden.
Diese bedrohliche Entwicklung zeigt, daß unsere Mahnungen aus dem Jahre 1983 nicht an Aktualität eingebüßt haben – sie sind wie damals von bitterster Berechtigung.
Der Weltföderation IPPNW, der Ende 1986 150.000 Ärzte in 49 Ländern angehörten (6000 davon in der Bundesrepublik), hat 1985 den Friedensnobelpreis erhalten. Damit wurde, wie es in der Begründung ausdrücklich heißt, insbesondere ihre medizinische Aufklärungsarbeit ausgezeichnet, die ein ungeschminktes Bild davon zeichnet, was „atomarer Krieg" wirklich bedeuten würde – nicht Verteidigung, sondern Massenmord und Massenselbstmord.
Der genannten Aufklärungsarbeit ist auch dieses kleine Büchlein verpflichtet. Ich hoffe sehr, daß die Taschenbuchausgabe viele Leserinnen und Leser zum überlebensnotwendigen Nachdenken veranlaßt.

Mainz, Februar 1987

Till Bastian

Warum wir uns wehren

Ärzte sind, besonders in Deutschland, nicht gerade häufig durch politischen Ungehorsam aufgefallen. Deshalb wird es vielleicht manchen Leser dieses Buches verwundern, wenn wir uns jetzt so nachhaltig für den Weltfrieden, für Abrüstung und für die Ächtung aller Nuklearwaffen einsetzen. Sind die Ärzte jetzt endgültig größenwahnsinnig geworden, glauben sie, jetzt die ganze Welt behandeln zu müssen?

Damit unser Engagement verständlich wird, möchten wir zur Einführung zu einem kurzen Rückblick auf die späten siebziger und frühen achtziger Jahre einladen. Was haben Sie, liebe Leserin und lieber Leser, von dieser Zeit noch in Erinnerung? Gab es in der Bundesrepublik Vulkanausbrüche oder Erdbeben? Haben Großunfälle stattgefunden, die unser Rettungs- und Sanitätswesen völlig überfordert haben? Sind Ihnen andere Ereignisse bekannt, die ein völliges Umdenken in Fragen des Katastrophenschutzes erforderlich machen?

Es ist klar: Ereignisse der geschilderten Art hat es – Gott sei Dank! – nicht gegeben. Ein anderes wichtiges Datum steht jedoch am Ausgang der siebziger Jahre: Der sogenannte NATO-»Doppelbeschluß« vom 12. 12. 1979, der die Aufstellung neuer amerikanischer Mittelstreckenraketen in Europa vorsieht – Raketen, die die Sowjetunion sehr rasch und treffsicher verwüsten können. Man erinnere sich: Der Versuch der Sowjetunion, in ähnlicher Weise Mittelstreckenraketen vor der Haustüre der anderen Supermacht, in Kuba, zu stationieren, ließ die Führer der Vereinigten Staaten einen Weltkrieg riskieren, um dieses Engagement zu verhindern.

Und wie ging es dann weiter?

1980

In den USA sinnen immer mehr maßgebliche Politiker darüber nach, daß ein Atomkrieg zu begrenzen, zu führen und zu gewinnen wäre; der berüchtigte Aufsatz von Präsidentenberater Colin S. Gray, »Victory is possible«, erscheint. »Ein Atomkrieg tritt wahrscheinlich nicht als ein im wesentlichen sinnloses, endgültiges Ereignis ein«, heißt es darin. »Vielmehr ist es wahrscheinlich, daß er geführt wird, um die Sowjetunion zu zwingen, einen kürzlich gemachten Gewinn aufzugeben.«

Ist es ein Zufall, daß im selben Jahr die Hochkonjunktur der Katastrophenmedizin in der Bundesrepublik beginnt? Im selben Jahr 1980 wird nämlich die »Deutsche Gesellschaft für Katastrophenmedizin« gegründet, und der Referentenentwurf des »Gesundheitssicherstellungsgesetzes« wird bekannt. Im Originalton handelt es sich hierbei um ein offenbar gerade jetzt erforderliches »Gesetz zur Anpassung des Gesundheitswesens an besondere Anforderungen im Verteidigungsfall«.

(Weitere Informationen zu diesem Thema gibt der Aufsatz von Knut Sroka im vorliegenden Band.)

Nicht vergessen wollen wir auch, daß in der Frankfurter Allgemeinen Zeitung vom 31. 1. 1980 eine Anzeige erschienen ist, in der es heißt:

»Wir empfehlen jetzt, 25% Ihres Goldgewinnes in die Rüstungsspekulation zu stecken.«

1981

Ein amerikanisches Reisebüro wirbt Kunden mit dem Slogan: »Buchen Sie eine Reise nach Europa, solange es Europa noch gibt.«

Solche Mutmaßungen scheinen nicht aus der Luft gegriffen, äußert doch der damalige Außenminister und General a. D. Alexander Haig vor dem Senatsausschuß für Auswärtige Beziehungen:

»Es gibt wichtigere Dinge, als im Frieden zu leben.«

Und sein Kollege, Verteidigungsminister Caspar Weinberger, gibt in einem Interview mit der Fernsehgesellschaft NBC zu bedenken:

»Es ist einfach eine Tatsache, daß – wie unglückselig und schrecklich das auch für die Welt sein würde – möglicherweise einige Kernwaffen zum Einsatz kommen könnten in Zusammenhang mit einem Krieg, der bis zu jenem Zeitpunkt ausschließlich auf dem europäischen Schauplatz geführt worden wäre.«

(Zu der Frage, was der Einsatz »einiger Kernwaffen« tatsächlich bedeuten würde, verweisen wir auf den Beitrag von Till Bastian im vorliegenden Band.)

Darauf muß man sich vorbereiten. Nicht nur die Katastrophenmedizin, auch der Zivilschutz erlebt einen Boom. In der vom Bundesverband für den Selbstschutz herausgegebenen Broschüre »Ihr Zivilschutzpaket« heißt es unter anderem:

»Als Folge von Explosionen, Naturkatastrophen, vor allem aber von Waffenwirkungen können Menschen unter den Trümmern ihrer Häuser verschüttet werden. Dann müssen die Verschütteten, wie die helfende Nachbarschaft, schnell und richtig handeln. Das ›Wie‹ lernt man im Selbstschutz-Grundlehrgang, das geeignete Gerät dazu aber muß dann in jedem Haus vorhanden sein:

Halblange Schaufel, kurzer Spaten, Spitzhacke, Brechstange, Bügelsäge oder Fuchsschwanz, Stichsäge für Holz und Metall, Beil, Fäustel, Spitzsteinmeißel, Flachsteinmeißel, Kneif- oder Beißzange, Bergetuch...«

1982

Der US-Abrüstungsbeauftragte Eugene Rostow sagt es kurz und bündig:

»Wir leben in einer Vorkriegs- und nicht in einer Nachkriegszeit.«

Im selben Jahr stellt der schon erwähnte Colin S. Gray im Air Force Magazin auch klar, daß die USA auf jeden Fall zur Stationierung ihrer neuen Waffen entschlossen sind und daß es sich beim Verweis auf die SS 20 der Gegenseite nur um ein Propagandamanöver handelt:

»Der NATO-Plan, 108 Pershing II und 464 landgestützte Cruise Missiles zu stationieren, beabsichtigt nicht, ein Gegengewicht gegen die SS 20 zu schaffen . . . Die NATO braucht eine gute Anzahl dieser 572 Startrampen, ob nun die Sowjetunion ihre SS 20 bis auf Null abbaut oder nicht.«

1983

Unser kurzer Rückblick sollte zeigen, daß sich die Militärstrategie des Westens geändert hat (hierzu Genaueres im Beitrag von Helmut Koch am Anfang dieses Buches), daß führende US-Politiker einen begrenzbaren, führbaren und gewinnbaren Atomkrieg als Möglichkeit ins Auge fassen, daß sie sich das dazu geeignete Waffenpotential verschaffen und daß dadurch die Kriegsgefahr wächst.

Ist dies nicht Grund genug, ungehorsam zu werden?

Wir Ärzte sind vom Atomkrieg natürlich nicht mehr und nicht weniger betroffen als andere Menschen auch: Es geht ums Überleben, wie bei jedem von uns.

Zwei Besonderheiten gibt es jedoch:

Erstens wird uns eine ganz besondere Rolle zugedacht in jenem Gaukelspiel der Illusionen, das den Menschen vorlügen soll, auch der Atomkrieg sei, in seinen Folgen, beherrschbar, es könne medizinische Hilfe für die Überlebenden geben, ein wirksamer Schutz der Zivilbevölkerung sei möglich, man müsse sich nur gründlich vorbereiten usw. usw.

Deshalb ist es so wichtig, daß wir immer wieder – wie in diesem Buch – betonen und beweisen: Wir werden euch nicht helfen können! Im Falle eines Atomkrieges werden die Überlebenden die Toten beneiden!

Zweitens ist es ja so, daß das atomare Wettrüsten die Welt nicht allein durch die Folgen eines möglichen thermonuklearen Krieges ruiniert. Die Supermächte können gemeinsam über eine Million Hiroshima-Explosionen auslösen. Dieses Gleichgewicht des Schreckens hat den Frieden allerdings nicht viel sicherer gemacht. Gerne verleugnete Tatbestände: Seit 1960 starben bei 65 Kriegen in 49 Ländern über zehn Millionen Menschen. Und durch die Nuklearwaffendrohung ist der Falkland-Krieg *nicht* verhindert worden. Die andere Seite der

Medaille: Pro Sekunde werden 27000 DM für die Rüstung ausgegeben – während zugleich jede Sekunde ein Kind verhungert. Für ein Tornado-Kampfflugzeug könnten 10 Millionen Kinder der Dritten Welt gegen die sechs häufigsten Infektionskrankheiten geimpft werden, zum Beispiel gegen Masern, auf die in Afrika noch heute 27% aller Todesfälle entfallen.

Deshalb ist es so wichtig, daß gerade wir Ärzte, die wir ja der Gesundheit verpflichtet sein sollen, immer wieder darauf hinweisen, daß der Wahnsinn des Wettrüstens schon heute Menschenleben fordert. Die Kriegsvorbereitungen der Supermächte bedeuten schon jetzt Krieg gegen die Millionen Hungernden dieser Erde.

Ein berühmter deutscher Arzt, der Pathologe Rudolf Virchow, kam beim Studium häufiger Infektionskrankheiten zu der Ansicht, daß, wollte man diese Seuchen wirklich bekämpfen, die Lebensbedingungen der armen Landbevölkerung gebessert werden müßten. Getreu seinem Wahlspruch, daß der Arzt »der natürliche Anwalt der Armen« sei, begann er, sich politisch zu engagieren. Als Mitglied des Preußischen Abgeordnetenhauses brachte er am 21. 10. 1869 in dieses Parlament einen Antrag ein, in dem es hieß:

»Allgemeine Abrüstung ist notwendig für die zivilisatorischen Aufgaben Europas . . . nicht eher gibt es die Möglichkeit auch für eine dauerhafte innere Ausbildung der einzelnen Staaten, als wenn wir dahin kommen, den Militäretat zu vermindern.«

Der Antrag Virchows – mit 215 gegen 99 Stimmen abgelehnt – ist im Zeitalter des drohenden Atomkrieges aktueller denn je. Wenn die Menschheit überleben will, führt kein Weg an der Abschaffung und Ächtung aller Atomwaffen in Ost und West vorbei.

Mainz, im August 1983 Der Herausgeber

Das Innere der Medizinischen Hochschule Nagasaki, 700 m südöstlich vom Bodennullpunkt gelegen, nach dem Fall der Bombe.

Helmut Koch
Atomare Waffensysteme und Militärstrategien, alternative Sicherheitspolitik

Die ärztliche Verantwortung, zur Verhütung des Atomkrieges beizutragen, geht über den rein medizinischen Aspekt hinaus. Auch von unserem Berufsstand wird, wie von der Friedensbewegung insgesamt, erwartet, daß wir Aussagen finden, die die Lösung des sicherheitspolitischen Dilemmas möglich erscheinen lassen. Sowohl die Kritik an der bisherigen Sicherheitspolitik als auch Überlegungen für eine Alternative zu dieser Politik verlangen Kenntnis der technischen Entwicklungen der Atomwaffen und, damit in Zusammenhang, der militärischen Strategien.

Nach Auslösung der ersten Atombombenexplosion der Welt, am 16. Juni 1945 im Testgebiet von Alamogordo, New Mexico, war der atomare Wettlauf der Weltmächte vorgezeichnet. Schon 4 Jahre später zündete die Sowjetunion ihre erste Atombombe. Im Mittelpunkt der fünfziger Jahre stand zunächst die Entwicklung geeigneter Trägersysteme. Nachdem zu Beginn nur die Luftwaffe mit ihren Bombern als Träger in Frage kam, wurden in der Folgezeit beschleunigt Interkontinentalraketen und Unterseebootraketen entwickelt.

In jener Zeit, bis 1974, beruhten die amerikanische und die sowjetische Politik auf der Doktrin der Abschreckung. Diese Abschreckungsdoktrin ist gekennzeichnet durch mannigfache Begriffe und Strategien: Zunächst gibt es den Begriff der countercity-Strategie (auch countervalue-S.), bei der die Raketen auf die großen Bevölkerungszentren der jeweiligen Gegenseite, die Städte, gerichtet waren. Die Geiselnahme ganzer Volksteile bildete den Kernpunkt dieser Strategie der massiven Vergeltung: Greifst Du mich an, dann füge ich Dir in einem zweiten Schlag, von meinen geschützten Raketenstellungen aus (insbesondere von U-Booten), einen solch erheblichen Schaden zu, daß Dir der Kriegsbeginn eine nicht akzeptable

Verwüstung des eigenen Landes einbringt. Mit anderen Worten: Wer zuerst schießt, stirbt als zweiter. Diese sogenannte Zweitschlagkapazität war der Garant der totalen Abschreckung und wurde im SALT-I-Vertrag (Strategic Arms Limitation Talks) mit dem zusätzlichen ABM-Vertrag (Antiballistic Missiles) festgeschrieben. Der ABM-Vertrag verzichtet auf ein stärker ausgebautes Raketenabwehrsystem und öffnete damit das angebliche, später so oft zitierte »Fenster der Verwundbarkeit«.

Die militärische Strategie jener Zeit, die sehr bewußt eine beidseitige Verwundbarkeit einbezog, fand bei Politikern und bei der Bevölkerung nahezu 30 Jahre Anerkennung. Dies wurde erleichtert durch eine Politik der Entspannung. Aus diesen (und anderen) Gründen war die Sicherheitspolitik zur damaligen Zeit kein Thema von öffentlichem Interesse.

Bei Militärstrategen und Sandkastenexperten jedoch kam es zu lebhaften Aktivitäten, denn man hatte erkannt, daß mit dieser Totalstrategie militärische Optionen unmöglich waren. Diese berufsspezifische Unzufriedenheit der Militärs wurde durch wachsende Anstrengungen des militärisch-industriellen Komplexes leicht abgemildert.

Die technologische Weiterentwicklung der Waffensysteme führte zu einer höheren Zielgenauigkeit und zu Mehrfachsprengköpfen. Mit deren Hilfe gelang es, bis zu 14 Sprengköpfe auf einer Rakete anzubringen, wobei mit den einzelnen Sprengköpfen 14 ganz verschiedene Ziele zur gleichen Zeit anvisiert werden konnten. »Vermirvung« der Raketen ist hier der Fachjargon (multiple independently targetable re-entry vehicle). Durch diese Waffen ergaben sich erweiterte militärstrategische Möglichkeiten. Gezielt konnte man jetzt Führungszentren und militärische Einrichtungen des Gegners anvisieren und hatte es nun in der Hand, sogenannte »chirurgische Eingriffe« vorzunehmen. Die selbstblockierende countercity-Strategie wurde abgelöst durch die counterforce-Strategie. An der Nahtstelle Ost/West, d. h. in Europa, änderte sich an der Strategie der »flexible response« nichts. Die »flexible response« stützt sich auf die Triade der konventionellen Waffen, der nuklear-taktischen und der nuklear-strategischen Waffen. Wann, wo und in welchem Umfang welche Waffen eingesetzt werden, sollte als flexible Antwort jeweils nur im Augenblick entschieden werden. Mit den waffentechnologischen Neuerungen, die eine counterforce-Strategie zuließen, konnte der Atomkrieg plötzlich wieder gedacht werden, er konnte flexibler geplant werden und rückte sogar wieder in den Bereich der Wahrscheinlichkeit. Den Falken unter den Militärs galt das alles noch nichts, es fehlte noch die tatsächliche Option Krieg, der Atomkrieg war immer noch nicht führbar.

Der Weg führte über die Neuentwicklung der Atomwaffen zur jüngsten Situation des Rüstungswettlaufes: Erstens baute man in die Sprengköpfe ein endphasengesteuertes System ein. D. h. man gibt dem Sprengkopf ein Zielfoto ein, so daß dieser in der letzten Phase des Zielanfluges Kurskorrekturen vornehmen kann und sein Ziel nach Tausenden von Kilometern punktgenau trifft. Zweitens gelang die Entwicklung eines »earth penetrators«, ein Verfahren der Härtung des Sprengkopfes, so daß er tief in die Erde eindringen kann, um unterirdisch verbunkerte Systeme zu sprengen. Schließlich, und das ist der entscheidende Punkt, wird mit der Nach-vorn-Verlagerung der Raketen die Vorwarnzeit derart verkürzt, daß dem Gegner nach Abschuß keine Reaktionszeit mehr verbleibt.

Damit sind wir bei den Pershing II und bei den Cruise Missiles.

Die eine Supermacht befindet sich plötzlich im Besitz von Erstschlagwaffen. Erstschlag ist die Fähigkeit, den Krieg dann zu gewinnen, wenn man als erster schießt. Für eine begrenzte Region, für Europa, zeichnet sich jetzt eine solche Führbarkeit und Gewinnbarkeit des Atomkrieges ab; daran ändert sich auch dann nichts, wenn man für Erstschlagwaffen die Bezeichnung Ersteinsatzwaffen vorzieht. Die Logik des Umganges zweier Feinde miteinander läßt für die Sowjetunion zwei Reaktionsformen zu: Entweder es kommt zu einem zweiten Kuba, was bedeuten würde, die Russen stationieren neue Raketen so weit vorne, daß auch die Amerikaner mit verkürzter Vorwarnzeit bedroht werden, ein Vorgang, der 1962 beinahe zum 3. Weltkrieg geführt hätte, oder es kommt zu Präemptionszwängen. Präemption bedeutet: In einer sich zuspitzenden Krise, bei der mit dem möglichen Einsatz solcher Erstschlagwaffen zu rechnen ist, muß ich Sorge tragen, daß ich diese feindlichen Raketen am Boden zerstöre, ehe sie abheben. Daraus entwickelt sich eine besondere Situation unseres Landes, denn Pershing II-Raketen werden nur in der Bundesrepublik Deutschland aufgestellt. Diese gesamte Entwicklung ist ganz ohne Zweifel eine Umstellung der bisherigen *Kriegsverhütungsstrategie* auf eine *Kriegsführungsstrategie*. Die Bedrohung durch die SS 20 muß genauso ernst genommen werden wie die zuvor bestehende Drohung durch die SS 4 und SS 5. Es werden jedoch im Kräftevergleich und insbesondere im Umfeld der Genfer Verhandlungen zwei Dinge nicht berücksichtigt: Erstens ist die SS 20 keine Erstschlagwaffe. Sie ist nicht in der Lage, amerikanische Führungszentren zu bedrohen, wie das umgekehrt die Pershing II kann. Zweitens existiert für einen möglichen Krieg in Europa schon immer eine unverwundbare Polaris-U-Boot-Flotte mit Atomraketen (ohne die Systeme Frankreichs und Englands). Diese Zweitschlagkapazität für den europäischen Raum ist nach Berechnungen des Hamburger Friedensforschungs-Instituts von General a. D. Graf Baudissin in der Lage, die Sowjetunion im Zuge einer Vergeltung so zu verwüsten, daß ihre Existenz beendet wäre. Eine besondere Logik verlangt, daß diese Waffen unberücksichtigt bleiben. Sie seien schließlich bei dem (von Amerika nicht ratifizierten!) SALT II-Vertrag schon einmal gezählt!

Alarmierend ist die steigende Zahl der Atomunfälle bis hin zu der Möglichkeit eines Atomkrieges aus Versehen. Kurze Vorwarnzeiten (Flugzeiten) bei punktgenauen Waffen engen den korrigierenden Entscheidungsspielraum nahezu auf Null ein. Menschliche Recherchen – ob Fehlalarm oder echter Alarm – müssen unterbleiben, Reaktionen laufen nur noch über den Kameraden Computer.

Mit der Entwicklung und Einführung von Erstschlagwaffen kommen wir sehr schnell einer Erstschlagfähigkeit näher. Da solche Waffen in Krisenzeiten zu Präemptionszwängen führen können, muß diese Entwicklung aufgehalten werden. Insbesondere in der Bundesrepublik Deutschland stehen wir vor zwei Dilemmata: *Erstens* das *Abschreckungsdilemma:* Die Strategie der Abschreckung mit Kernwaffen droht genau das zu zerstören, was in seinem Fortbestand gesichert werden soll.

Und *zweitens* das *Verteidigungsdilemma:* Mit Kernwaffen läßt sich die Bundesrepublik nicht verteidigen. Diese Überlegungen zwingen eigentlich zu einem militärstrategischen Umdenken, zumal die Geschichte gezeigt hat, daß auf Abrüstungsverhandlungen und Rüstungskontrollverhandlungen kein Verlaß ist.

Die alternative Sicherheitspolitik durchleuchtet viele Momente: Das Disengagement-Modell, ein Gebiet des Auseinanderrückens der Kontrahenten, die atomwaffenfreie Zone, seit Rapacki immer wieder im Gespräch, die neutralistische Idee, mit der Österreich seit dem Ende des Zweiten Weltkrieges hervorragend zurechtkommt, die soziale Verteidigung, die mit Namen wie Mahatma Gandhi oder Martin Luther King verknüpft ist und sich auch auf die Bergpredigt beruft, und schließlich die defensive Verteidigung. Ich will den Schwerpunkt der Beachtung auf die defensive Verteidigung legen, wobei man ein Endziel nie aus den Augen verlieren sollte: gewaltfreie Konfliktlösungsmodelle wären der Idealzustand. Diesen Idealzustand anzustreben, sollten wir täglich bemüht sein, bis hinein in den privaten und familiären Bereich. Die Form einer sozialen Volksverteidigung ist auf der anderen Seite zum jetzigen Zeitpunkt nach einer Jahrtausende andauernden Kriegssozialisation den meisten sehr fremd und bedürfte sicherlich eines noch langen Prozesses des Umlernens. Bei der defensiven Verteidigung gelten Lawrence von Arabien und Mao Tse-tung als die eigentlichen Lehrmeister sogenannter politischer Kriege von militärisch Schwächeren gegen militärisch Stärkere. Aus jüngster Zeit gibt es hier Arbeiten von Wissenschaftlern und Experten, wie den Deutschen Afheldt und Löser, dem Österreicher Spanocchi oder dem Franzosen Brossolet. Auch der erst kürzlich knapp einem Attentat entgangene amerikanische General Kroesen behauptet: Mit einer rein konventionellen, gut aufgebauten Streitmacht wäre die Bundesrepublik Deutschland im Falle eines konventionellen Angriffes der Warschauer-Pakt-Staaten zu verteidigen.

Bedrohungsängste sind m. E. die wesentlichsten Legitimationselemente des Wettrüstens. Ein eindeutiges, offensichtliches Defensivkonzept würde diese pathologische Verflechtung durchbrechen, es ginge in unserem Fall vom Boden der Bundesrepublik Deutschland keine Drohung mehr aus, so daß auch das Feindbild nicht mehr aufrechterhalten werden könnte. Sollte ein atomwaffenfreies Land mit striktem Defensivkonzept atomar erpreßt werden, mag am ehesten eine breite, demoralisierende Veröffentlichung der erpresserischen Zumutung helfen.

Die Prämissen der Defensivverteidigung beinhalten verschiedene Elemente, die im Rahmen dieses Beitrages nur angedeutet werden können. Die Verteidigungsstreitkräfte der Bundesrepublik Deutschland dürfen nicht mit taktischen und/oder strategischen Kernwaffen ausgerüstet sein. Die Mittel und Systeme der Verteidigung müssen erkennbar für Angriffskriege ungeeignet sein, für das Ziel der Verteidigung jedoch besser geeignet als jede andere militärische Konzeption. Das Ziel wird definiert in der Minimierung der Schäden im eigenen Land und unter der eigenen Bevölkerung. Defensivwaffen bedürfen noch einer intensiven Verifizierung, jedoch haben heute schon Panzerabwehrwaffen gegenüber Panzern den eindeutig defensiven Charakter oder Flugabwehrjäger gegenüber Sturzkampffliegern oder Bombern. Bei einer solchen Konzeption stünden einem möglichen Aggressor neben den militärischen Verlusten insbesondere auch eine moralische und politische Disqualifizierung ins Haus. Innerhalb des konsequenten Defensivkonzeptes gibt es Nuancierungen, die teilweise noch eine atomare Komponente zulassen, im Sinne von politischen Waffen, wie z. B. bei Afheldt oder Löser, wobei zugestanden wird, daß es sich hier um eine Übergangsregelung handeln müßte.

Zusammenfassend sei nochmals verdeutlicht: Wir stecken mit der atomaren Abschreckung in einer sicherheitspolitischen Sackgasse; für den Fall des Versagens dieser Abschreckung ist unser Selbstmord vorprogrammiert. Um Alternativen muß gerungen werden, Alternativen müssen gefunden werden. In einem ersten Schritt würde die Umstellung auf ein Defensivkonzept die Aufrüstung mit Pershing II-Raketen und mit Cruise Missiles erübrigen. Nicht wir sind die Utopisten, sondern diejenigen, die glauben, daß mit der herkömmlichen Sicherheitspolitik das Überleben der Menschheit garantiert werden kann.

Till Bastian
Atomkrieg – das Ende der Menschheit

Atomwaffen und Menschheit können nicht auf Dauer miteinander existieren.
Prof. Dr. B. Lown, USA, Mitbegründer der IPPNW

1. Zur Geschichte des Wettrüstens mit Atomwaffen

Die radioaktive Strahlung wurde 1896 von dem französischen Physiker Henri Becquerel (1852 bis 1908, Nobelpreisträger des Jahres 1903) bei der Analyse des Elementes Uran entdeckt. Ihre bis heute gültige Deutung stammt von dem Engländer Ernest Rutherford (1871 bis 1937).

Rutherford, der 1908 den Nobelpreis für Chemie erhielt, ging davon aus, daß bei einigen wenigen Elementen die Atomkerne instabil sind und zerfallen, wobei sie Strahlung aussenden. Atomkernzerfall setzt also Strahlung frei. Diese durch Kernzerfall freigesetzte Strahlung ist sehr energiereich. Ein Gramm Radium – eines jener instabilen, strahlenden Elemente – erzeugt beim radioaktiven Zerfall drei Millionen Kalorien. Die Größenordnung dieser Energieausbeute wird klar, wenn man sich verdeutlicht, daß ein Gramm Kohle, wenn es verbrennt, nur die Wärmeenergie von acht Kalorien liefert.

Von dieser Energiefreisetzung durch zerfallende, radioaktive Elemente merken wir unter natürlichen Bedingungen wenig. Dies liegt an der Dauer des natürlichen radioaktiven Zerfalls – er währt beim Radium Jahrtausende, gibt die gewaltigen Energiemengen also nur ganz allmählich frei (während ein Gramm Kohle in Sekundenschnelle verbrennt).

Es wundert nicht, daß der Gedanke an die in den radioaktiven Elementen gespeicherte Energie die Wissenschaftler faszinierte. Was geschähe, wenn man sie für die Menschheit nutzbar machen könnte? Wäre dies ein Segen für uns alle? Könnte die Kraft des Atoms uns Reichtum und Wohlstand für immer bescheren? Von Anfang an gab es Wissenschaftler, die Bedenken geltend machten. Zu ihnen gehörte Pierre Curie, der zusammen mit seiner Frau Marie Curie (1867 bis 1934) und Henri Becquerel 1903 den Nobelpreis für Physik erhielt. Pierre Curie (1859 bis 1906) äußerte 1905 in einem Vortrag: »Wenn man bedenkt, daß das Radium in den Händen von Verbrechern sehr gefährlich werden könnte, drängt sich einem die Frage auf, ob es für die Menschheit von Vorteil ist, die Geheimnisse der Natur kennenzulernen, und ob sie reif dafür ist, sich ihrer zu bedienen, oder ob diese Erkenntnisse ihr nicht vielleicht eher zum Schaden gereichen.«

Zeitgenosse des Ehepaars Curie war Albert Einstein (1879 bis 1955). Er entwickelte die sogenannte spezielle Relativitätstheorie (1905), die er später zur allgemeinen Relativitätstheorie (1916) erweiterte. Er deckte die Äquivalenz, die gegenseitige Entsprechung von Masse und Energie, auf und legte so das Fundament zur Nutzung der Kernenergie – im Kriege und im Frieden. Er war es auch, der – entsetzt vom Siegeszug des Faschismus – am 2. 8. 1939 in einem Brief an den Präsidenten der Vereinigten Staaten, Franklin Delano Roosevelt (1882 bis 1945), auf die Möglichkeit aufmerksam machte, das Phänomen der Kernenergie zur Konstruktion einer Superbombe zu verwenden, die millionenfach wirksamer als herkömmliche Bomben sein könne. Einstein schrieb:

»Eine einzige Bombe solcher neuen Art, die durch ein Schiff mitgeführt und in einem Hafen zur Explosion gebracht wird, vermag sehr wohl den ganzen Hafen, zusammen mit dem umliegenden Gelände, zu zerstören.«

Die US-Regierung griff den Vorschlag ohne Zögern auf. Am 2. 12. 1942 setzte die Universität von Chicago den ersten Kernreaktor in Betrieb. Das von Robert Oppenheimer (1904 bis 1967), der später wegen seiner Zweifel an der atomaren Rüstung bekannt wurde und seine Position 1954 aus Sicherheitsgründen »im Hinblick auf seine zwar loyale, aber unrealistische Einstellung« verlor, geleitete Laboratorium von Los Alamos entwickelte bis 1945 drei Atombomben. Die erste wurde am 16. Juli 1945 in der Wüste von New-Mexico gezündet, die beiden anderen explodierten am 6. August und am 9. August 1945 über den japanischen Städten Hiroshima und Nagasaki.

Die Zigtausenden von Toten, die dieser erste kriegsmäßige Einsatz einer Atomwaffe forderte, zogen allerdings keinen Stopp des Wettrüstens nach sich. Im Gegenteil: Ab 1950 suchte man in den USA nach Wegen, die thermonukleare Verschmelzung militärisch zu nutzen. Bei diesem Prozeß werden Wasserstoffatome unter Aussendung energiereicher Neutronenstrahlung zu Helium verschmolzen. Damit dieser Prozeß in Gang kommt, sind sehr hohe Energiemengen nötig. Das Ergebnis der Forschungen stellte die sogenannte Wasserstoffbombe (auch Fusionsbombe genannt) dar – eine Atombombe nach Hiroshima-Art dient hier als Zünder. Schon dies zeigt die neue Dimension der Vernichtung, die menschlicher Forschungsdrang jetzt möglich gemacht hatte.

Am 1. 11. 1952 explodierte die erste Wasserstoffbombe im Auftrag der US-Regierung in der Nähe der Marshall-Inseln im Stillen Ozean. Die Sprengkraft betrug einige Megatonnen TNT – das ist der konventionelle Sprengstoff Trinitrotoluol, der bei solchen Rechnungen als Vergleichsmaßstab dient. Man mache sich klar: Eine Megatonne, eine Million Tonnen Trinitrotoluol – das entspräche einem Güterzug von Frankfurt nach Hamburg, alle Waggons mit diesem konventionellen Sprengstoff beladen!

Die am 1. November 1952 gezündete Wasserstoffbombe war also fast tausendmal stärker als jene Bombe, die Hiroshima verwüstete.

Interessant ist, daß die Wasserstoffbombe entstand, weil die Sowjetunion ebenfalls die Nuklearbombe entwickelt und so das US-Atommonopol zerstört hatte. Die Produktion der Wasserstoffbombe vor 30 Jahren stellt also den ersten Fall westlicher »Nachrüstung«, d. h. in Wirklichkeit Vor-Rüstung im nuklearen Wettlauf dar.

Freilich scheint das Denken in »Vor-« und »Nach-Rüstung«, in »Raketenlücken« usw. der gegenwärtigen Weltlage kaum angemessen. Denn wie sieht die derzeitige Situation aus?

Die USA und die UdSSR zusammen verfügen über 36 000 bis 48 000 nukleare Sprengköpfe, davon rund 17 000 strategische Sprengköpfe im Megatonnen-Bereich. Das Gesamtäquivalent dieses Schreckensarsenals beträgt etwa 11 000 bis 18 000 Megatonnen TNT. Dazu werden noch etwa 1100 Sprengköpfe mit rund 1000 Megatonnen durch Großbritannien, Frankreich und China beigesteuert. Dies ist insgesamt das Äquivalent von mehr als einer Million Hiroshima-Bomben; weitaus genug, um den Erdball in eine Wüste zu verwandeln, und zwar mehrfach.

Die Zahlenangaben, die dieses Bild des Schreckens beleuchten, stammen aus einem offiziellen Dokument – aus dem »Thunborg-Report« über Nuklearwaffen, den eine Arbeitsgruppe unter der Leitung des schwedischen UN-Vertreters Anders Thunborg im September 1980 der 35. Generalversammlung der Vereinten Nationen vorlegte.

Auf unserem Planeten gibt es, wie bereits erwähnt wurde, mehr Sprengstoff als Brot. Würde man die Sprengkraft der in den Arsenalen der Großmächte gelagerten Kernwaffen auf Dynamit umrechnen, so wären dies 15 Tonnen Dynamit pro Kopf – was einem Würfel von 2 ½ m Kantenlänge entspricht.

Ganze hundert Kernwaffen pro Supermacht – ein halbes Prozent der in den Arsenalen des Schreckens angehäuften Mengen – reichten aus, um UdSSR und USA in unvorstellbarem Ausmaß zu verwüsten und sie als Industriegesellschaften zu vernichten.

So mag es wohl kaum einleuchten, wenn die Politiker beider Seiten daran festhalten, man müsse erst einmal weiter aufrüsten, um zur Abrüstung zu kommen. Was die Sicherheit unseres Planeten anbetrifft, so gibt es nicht zu wenig, sondern viel zuviel Atomwaffen.

2. Zur Wirkungsweise von Atomwaffen

Radioaktivität bedeutet, daß sich ein Atomkern unter Abgabe von Energie und unter gleichzeitiger Änderung seiner Ladung und Masse in einen anderen Atomkern verwandelt.

Das Atom besteht aus einem Kern, der aus positiv geladenen Teilchen, den Protonen, und elektrisch neutralen Teilchen, den Neutronen, aufgebaut ist. Um diesen Atomkern kreisen die negativ geladenen Elektronen. Atomwaffen sind Kernwaffen (Nuklearwaffen – vom lateinischen Wort nucleus, der Kern), das heißt, ihrem Wirkungsmechanismus liegen Kernreaktionen zugrunde.

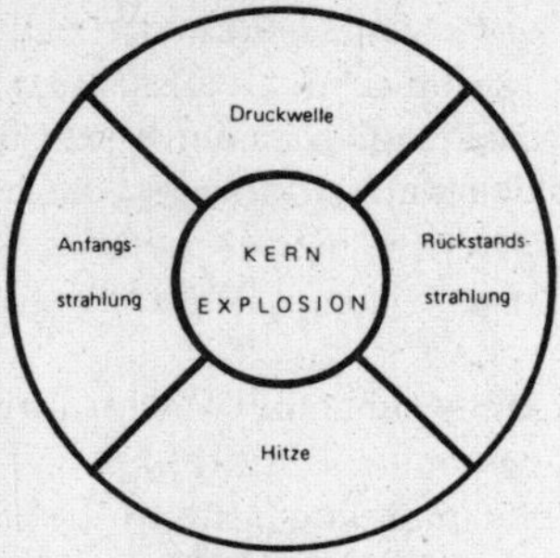

Die energetische Ausbeute bei Kernexplosionen

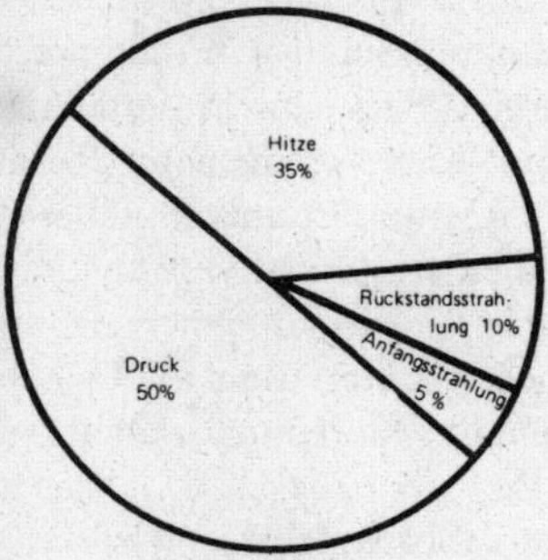

Die prozentuale Energieausbeute einer Spalt- oder Fusionsbombe

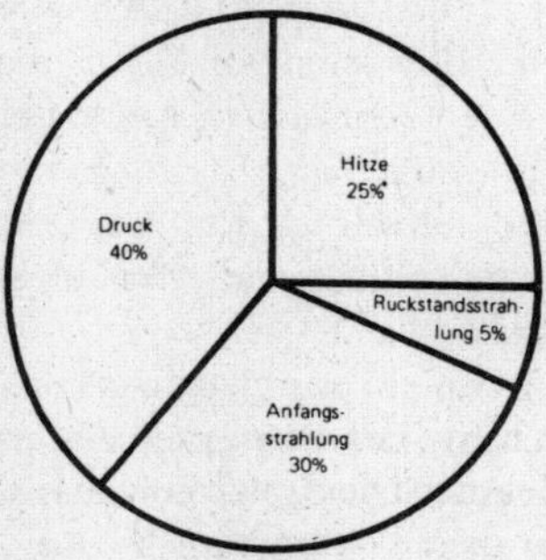

Die prozentuale Energieausbeute einer sogenannten Neutronenbombe

Die Energieausbeute bei der Explosion von Kernwaffen

Man kann zwei Arten von Kernreaktionen unterscheiden: Die Spaltung der Atomkerne eines Elementes (Uran oder Plutonium) oder die Verschmelzung von Atomkernen (z. B. von Wasserstoffatomen). Wie bereits angedeutet, werden beide Arten von Kernreaktionen waffentechnisch ausgenutzt.

Bei der Kernspaltung entweichen Neutronen und elektromagnetische Wellen (sogenannte Gamma-Strahlung); hiervon wird noch die Rede sein. Die entstehenden Spaltprodukte sind radioaktiv; sie sind instabil und zerfallen unter Aussendung von Strahlung.

Bei der Verschmelzung werden sogenannte Wasserstoffisotope (deren Atomkern Neutronen enthält, während der »normale« Wasserstoffkern nur aus einem Proton besteht), nämlich Deuterium und Tritium, zu Helium verschmolzen. Die Bomben, die auf Japan fielen, beruhten in ihrem Wirkungsmechanismus auf der Spaltung von Uran 235 und von Plutonium 239. Solche Bomben werden – da die Kernverschmelzung (Kernfusion) nur unter sehr hohen Temperaturen anläuft – bei den heute üblichen Wasserstoffbomben als Zünder verwendet. Bei der Spaltung von 1 kg Uran wird eine Energiemenge freigesetzt, die etwa 20 Kilotonnen (= 20 000 Tonnen) TNT entspricht, bei der Fusion von 1 kg Wasserstoff etwa dreimal soviel Energie.

Heute sind Bomben mit einer Sprengkraft von mehreren Megatonnen (1 Megatonne = 1 Million Tonnen) üblich, wobei zu bedenken ist, daß bereits eine Explosion von 10 MT mehr Energie freisetzt als alle bisherigen Kriege insgesamt, beide Weltkriege mit eingeschlossen!

Was geschieht denn nun bei einer solchen Kernexplosion? Nehmen wir einmal den furchtbaren Fall an, daß ein nuklearer Sprengkörper in der Luft explodiert:

Die erste Phase der Explosion beginnt dort, wo ursprünglich der Körper der Bombe gewesen ist. Die Energie, die binnen einer Millionstel-Sekunde freigesetzt wird, besteht überwiegend aus Wärmeenergie. Das gesamte Material der Bombe verdampft. Es bilden sich Gase mit einer Temperatur von einigen Millionen Grad Celsius und einem Druck von mehreren hunderttausend Atmosphären. Sie senden ein intensives Licht aus, das auch ein entfernter Beobachter noch als grellen

Physikalische und biologische Wirkungen von Atomwaffen

Phänomen	*physikalische Wirkung*	*biologische Wirkung*
mechanisch (Druckwelle)	Zerstörung an Gebäuden	Tod und Verletzung der lebenden Organismen
thermisch (Hitze und Licht)	Materialentzündung, Flächenbrände	schwere und tödliche Verbrennungen (Augenverletzungen)
Anfangsstrahlung (Neutronen- und Gammastrahlen)	Erzeugung von Radioaktivität	akute Ganzkörperbestrahlung
Verbleibende Strahlung: a) lokaler radioaktiver Niederschlag b) globaler radioaktiver Niederschlag	Ausbreitung der Radioaktivität a) auf dem Erdboden b) in die Atmosphäre	a) äußere Exposition mit subletalen und letalen Dosen b) Zunahme der Erkrankungsrate an Krebs und genetischen Schäden
elektromagnetischer Impuls	Überspannungen in elektrischen und elektronischen Stromkreisen	–
Störungen in der Atmosphäre	Veränderungen der Ozonkonzentration, verminderte Sonneneinstrahlung	Verminderung der Ernten, Hungersnot

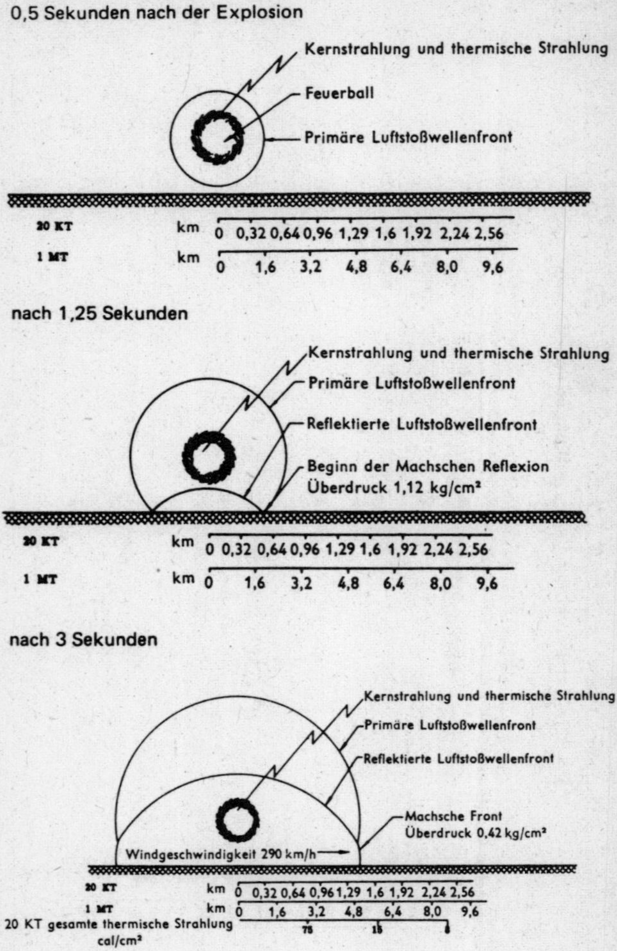

Chronologische Entwicklung einer Luftexplosion von 20 KT

nach 10 Sekunden

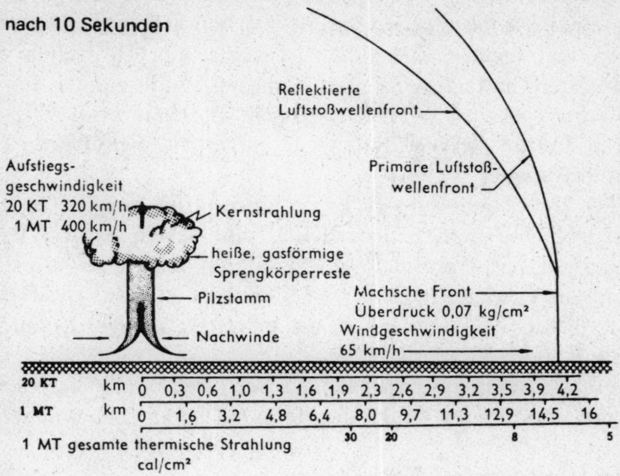

nach 30 Sekunden

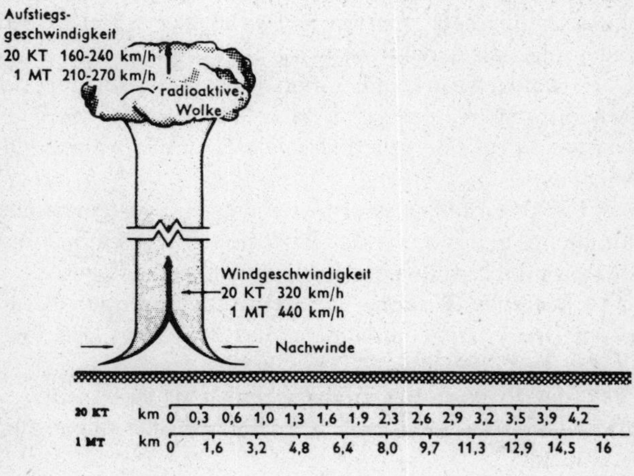

Blitz wahrnehmen kann. Dieser Lichtblitz geht in einen hell leuchtenden, sich rasch ausbreitenden Feuerball über.
Bei einer Bombe mit einer Sprengkraft von 20 Kilotonnen (also etwa von jener Stärke, die ausreichte, um Hiroshima zu verwüsten) hätte dieser Feuerball nach 0,1 Millisekunde einen Durchmesser von 30 Metern erreicht und wäre etwa 300 000 Grad Celsius heiß – fünfzigmal heißer als die Oberfläche unserer Sonne.

Die Druckwelle, die im Explosionszentrum entstanden ist, löst sich von dem Feuerball und eilt diesem voraus. Der Feuerball selbst erreicht seinen größten Durchmesser nach rund einer Sekunde. Etwa 10 Sekunden später hat er sich in eine dichte Wolke aufgelöst, die innerhalb weniger Minuten viele Kilometer emporsteigt.

Für die Menschen, über deren Stadt diese Bombe detoniert ist, ist unter dieser Wolke die Hölle auf Erden angebrochen.

Die Auswirkungen der Explosion

Bei der Explosion einer Atombombe werden gewaltige Energiemengen freigesetzt. Um ihre Auswirkungen zu beschreiben, müssen folgende Aspekte berücksichtigt werden:

- Der gewaltige Druck im Zentrum der Explosion erzeugt eine sich ausbreitende heftige Druckwelle.
- Der unerhört heiße Feuerball sendet intensive Wärmestrahlung aus.
- Der Explosionsablauf erfolgt unter Aussendung radioaktiver Strahlung, und die von der Explosion erzeugten Spaltprodukte sind ihrerseits neue Quellen von Radioaktivität.

Die verheerende Wirkung der Kernwaffenexplosion beruht also auf *Druck, Hitze* und *radioaktiver Strahlung*. Dabei verteilt sich die Gesamtenergie etwa in folgender Weise:

- 50 % der Explosionsenergie erscheinen als Druckwelle,
- 35 % der Explosionsenergie werden in Wärmestrahlung umgewandelt,
- 15 % entfallen auf die radioaktive Strahlung, und zwar fallen 5 % als Initial- und 10 % als Spätstrahlung an.

(Bei der sogenannten Neutronenwaffe ist diese Energieverteilung etwas anders.)

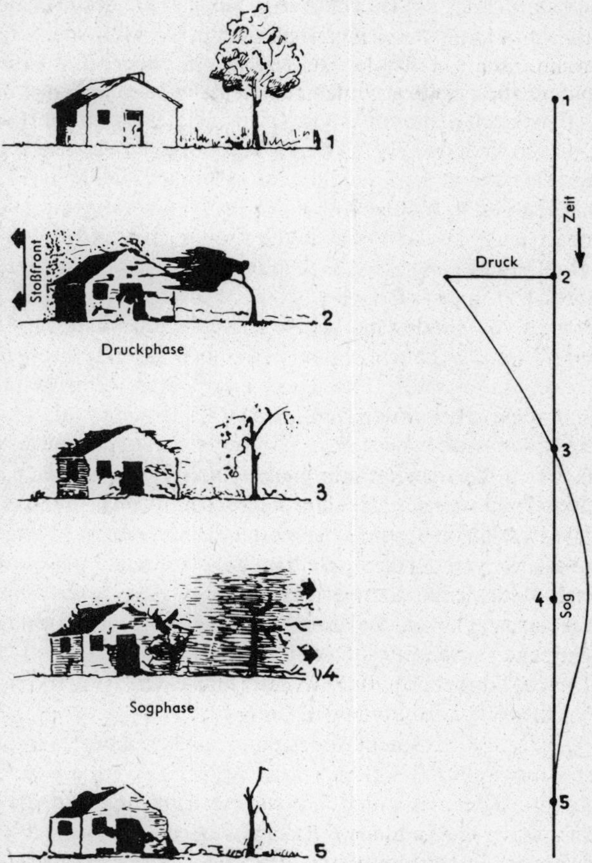

Zur Druckwirkung von Kernwaffen-Detonationen:
Ein Gebäude, über das die Druckwelle hinwegfegt, ist erst der Überdruckwirkung und dann einem nachfolgenden Unterdruck, d. h. einer Sogwirkung, ausgesetzt.

Die Druckwirkung

Die Ausbreitung des Explosionsdruckes um das Explosionszentrum erfolgt kugelförmig; in Analogie zur Schallausbreitung spricht man von einer Druckwelle. Sie fällt, wie bereits erwähnt, anfangs mit der Oberfläche des Feuerballes zusammen, um diesem aber schon bald vorauszueilen. Die Druckwelle pflanzt sich dann mit Schallgeschwindigkeit weiter fort und wird vom Erdboden reflektiert. Diese zweite Druckwelle bewegt sich etwas schneller als die ursprüngliche, kann diese einholen und sich mit ihr zu einer einzigen vereinigen. Diese Druckfront wird dann »Machsche Front« genannt.

Die Druckwelle hat auf Gebäude und Menschen verheerende Auswirkungen. Bei einer 20-KT-Luftexplosion wären im Umkreis von mindestens 1600 m alle Gebäude völlig vernichtet. Schwere Schäden wären aber noch in weit größerem Umkreis zu erwarten. Fachwerkhäuser wären wahrscheinlich bis in eine Entfernung von 2,5 km völlig eingestürzt oder schwer beschädigt; bis in über 3 km Entfernung würden Dächer einstürzen, Zwischenwände, Fenster und Türen bersten.

Der Explosionsdruck kann Menschen direkt töten oder schwer verletzten, zum Beispiel durch Lungenrisse, Lungenblutungen, Verletzungen anderer innerer Organe oder durch Verstopfung lebenswichtiger Blutgefäße. Andere Druckwirkungen sind Platzen des Trommelfells, Bruch der Augenhöhlenknochen sowie Stirnhöhlenblutungen.

Weit gefährlicher jedoch sind die indirekten Auswirkungen des Luftstoßes. Sie können auftreten

a) durch Wegschleudern des menschlichen Körpers infolge der Druckwelle,

b) durch den Aufschlag von Trümmern und Splittern, die die Druckwelle wie Geschosse beschleunigt und umherfegt – so werden bei einer Luftexplosion von 20 KT die Bruchstücke der zerborstenen Fensterscheiben bis in einem Umkreis von 4 km mit einer Geschwindigkeit von bis zu 90 Stundenkilometern umhergeschleudert – Kleidung, Haut und Muskeln werden von diesen Splittern bis auf den Knochen durchschlagen;

c) durch die einstürzenden Gebäude, unter denen die Menschen verschüttet und begraben werden.

Zur Druckwirkung von Kernwaffen-Detonationen:
Haus auf dem Versuchsgelände von Nevada vor und nach einer Kernexplosion von 29 KT Sprengkraft im Jahre 1955. Das Haus war einem Überdruck von 0,35 kg pro cm^2 ausgesetzt.
Im beschriebenen Szenario einer 20-KT-Explosion würde es rund 1700 m vom Bodennullpunkt gelegen haben.

Die Hitzewirkung

Die Hitzewirkung beruht auf der Aussendung von Wärmestrahlung vom Explosionsort.
Die Wärmestrahlung breitet sich, wie Licht, gradlinig von der Explosionsstelle aus.

Die Schadwirkung der Wärmestrahlung beruht auf der Hitze- und Branderzeugung.

Die Branderzeugung erfolgt entweder direkt durch die Entzündung besonders hitzeempfindlicher Materialien – so werden nach einer Kernwaffenexplosion Papier, Abfall, Fenstergardinen, Stoffe, Laub und Gras bis in weite Entfernungen entflammt – oder aber indirekt, durch die von der Druckwelle verursachten Zerstörungen: durch umgeworfene Öfen, zerstörte Heizungsanlagen, Gasrohrbrüche, elektrische Kurzschlüsse usw. Zerbrochene Fenster, abgerissene Wandverkleidungen, herabgefallene Dachplatten, zersplittertes Gebälk, eingestürzte Wände und Dächer erhöhen die Brandgefahr noch erheblich.

So muß nach einer Kernexplosion mit Großbränden fürchterlichen, noch nie gekannten Ausmaßes gerechnet werden. Auf wirksame Brandbekämpfung ist nicht zu rechnen. In Hiroshima waren nach der Bombenexplosion 70 % der Feuerwehrgeräte zerstört und 80 % des Personals nicht mehr einsatzfähig.

Die Hitzewirkung auf den Menschen ist ebenfalls direkt oder indirekt. Die Wirkungen direkter Art beruhen auf der Absorption von Strahlung durch die ungeschützte Haut. Man nennt diese Verbrennungen auch »Blitzverbrennungen«. In Japan 1945 reichte der Schweregrad dieser Blitzverletzungen von leichter Rötung bis zur Verkohlung der äußeren Hautschichten. Bei Menschen, die sich bis knapp 2 km vom Explosionspunkt entfernt aufgehalten hatten, bestanden die Brandverletzungen aus farblosen Fleischwunden, bis in eine Entfernung von 3,5 km entwickelte sich nach der ersten Hautrötung eine braune Verfärbung der Haut, die auch »Maske von Hiroshima« genannt wird. Außer der direkten Schädigung durch diese Blitzverbrennungen werden bei einer Kernwaffenexplosion Tausende von Menschen durch indirekte Brandwirkungen, das

Entfernung vom Bodennullpunkt km	Druckspitze kg/cm²	Maximale Windgeschwindigkeit km/h	Maximaler dynamischer Druck kg/cm²
0,32	1,68	490	0,175
0,64	0,98	620	0,246
0,96	0,70	475	0,154
1,28	0,53	378	0,084
1,60	0,38	246	0,049
1,92	0,28	224	0,027
2,24	0,22	169	0,016
2,56	0,175	138	0,011
2,88	0,140	113	0,006
3,20	0,119	97	–
3,52	0,105	86	–
3,84	0,091	74	–
4,16	0,077	65	–

Werte der Druckwelle einer typischen 20-KT-Luftexplosion

heißt durch Feuersbrünste (»Flammenverbrennungen«), sterben oder schwer verletzt werden. In welchem schrecklichen Ausmaß nach einer solchen Explosion mit Großbränden zu rechnen ist, wurde oben bereits geschildert – entsprechend katastrophal wäre auch die Auswirkung auf alles, was lebt. Darüber hinaus ist noch zu erwähnen, daß im Falle eines Atomkrieges die Brandverletzten kaum mit auch nur minimaler ärztlicher Versorgung rechnen könnten, auf der anderen Seite jedoch in verheerendem Maße unter Wundinfektionen zu leiden hätten, die durch die Schädigung des körpereigenen Abwehrsystems infolge radioaktiver Strahlung (siehe nächster Abschnitt) begünstigt und durch die völlig unzureichende Hygiene, durch den Ausbruch von Seuchen aller Art und durch die Zerstörung aller Versorgungseinrichtungen gefördert würden.

Druck und Hitze – in den vorherigen Abschnitten erörtert – sind geläufige Phänomene, für die Strahlung gilt dies nicht. Deshalb sollen hier die Grundlagen ausführlicher erläutert werden.

Beim radioaktiven Zerfall von Elementen, deren Atomkerne instabil sind, entstehen Strahlen, die man als Alpha-, Beta- und Gamma-Strahlen bezeichnet; sie werden auch unter dem Begriff »radioaktive Strahlen« zusammengefaßt.

Gammastrahlen sind elektromagnetische Wellen, den Röntgenstrahlen verwandt, jedoch von kürzerer Wellenlänge als diese. Sie bewegen sich mit Lichtgeschwindigkeit fort. 10 cm Wasser werden von 60 % der Gamma-Strahlung passiert, 10 cm Blei nur von 0,04 %.

Alphastrahlen bestehen aus den Atomkernen des Edelgases Helium. Ihre Geschwindigkeit ist hoch ($1/20$ der Lichtgeschwindigkeit), ihre Eindringtiefe gering – in organischem Gewebe haben sie bereits nach einer Strecke von wenigen Bruchteilen eines Millimeters ihre gesamte Energie verloren.

Betastrahlen sind fortgeschleuderte, negativ geladene Elektronen, die sich mit großer Geschwindigkeit fortbewegen und über eine etwas größere Durchdringungsfähigkeit als Alphastrahlen verfügen – in organischem Gewebe beträgt die Eindringtiefe etwa 1 cm.

Bei Kernreaktionen werden neben der radioaktiven Strahlung von der genannten Art auch ungeladene *Neutronen* von hoher Energie frei. Da sie elektrisch neutral sind, werden sie von Atomkernen nicht abgestoßen, sondern »eingefangen«, wobei instabile Kerne entstehen, die unter Aussendung von Gammastrahlen zu stabilen Kernen zerfallen.

Alpha-, Beta- und Gammastrahlen sowie Neutronenstrahlen werden, da sie bei *Kernreaktionen,* also zum Beispiel bei der Explosion von Nuklearwaffen, freigesetzt werden, auch als *Kernstrahlung* zusammengefaßt.

Die schädliche Wirkung der Kernstrahlung auf den lebenden Organismus beruht im Auslösen eines Vorganges, den man »Ionisation« nennt – weshalb die oben genannten Kernstrahlen gemeinsam mit den Röntgenstrahlen, die auch Ionisationen bewirken, als *ionisierende* Strahlen bezeichnet werden.

10^{-11}	10^{-9}	10^{-7}	10^{-5}		10^{-3}	10^{-1}	10	10^{3}	10^{5}	10^{7}
	Röntgen-strahlen Gamma-strahlen		Ultra-violett	SICHTBAR LICHT	Infrarot		Kurzwellen (Hochfre-quenz) Radio		Langwellen (Niedrigfre-quenz) Radio	
3×10^{21}	3×10^{19}	3×10^{17}	3×10^{15}		3×10^{13}	3×10^{11}	3×10^{9}	3×10^{7}	3×10^{5}	3×10^{3}
					Frequenz (Perioden/sec)					
12,4 MeV	124 keV	1,24 keV	12,4 eV		0,124 eV	1,24 10^{-3} eV	1,24 10^{-5} eV	1,24 10^{-7} eV	1,24 10^{-9} eV	1,24 10^{-11} eV
					Photon-Energie					

Wellenlänge, Frequenzen und Energien elektromagnetischer Strahlungen

Zur Einteilung elektromagnetischer Wellen

Diese Strahlen übertragen nämlich ihre Energie dadurch an die durchstrahlte Materie, daß sie Elektronen von den Atomen der passierten Materie fortstoßen. Durch den Elektronenverlust werden die zuvor elektroneutralen Atome zu geladenen Atomen, die der Physiker Ionen nennt, und der ganze Vorgang heißt Stoß-Ionisation.

Zur Ionisation ist relativ wenig Energie erforderlich. Die Auswirkungen für einen Organismus, der ionisierender Strahlung ausgesetzt ist, bestehen immer in vielen Tausenden einzelnen Ionisationen. Aus diesem Grund können ionisierende Strahlen schon in recht geringen Dosen biologische Effekte auslösen: Eine für den Menschen mit Sicherheit tödliche Dosis Gammastrahlung würde, in eine äquivalente Menge Wärmeenergie umgerechnet, gerade dazu ausreichen, um einen Teelöffel Wasser um rund zehn Grad Celsius zu erhitzen.

Kernstrahlung bei Kernexplosionen:
Die bei der Detonation von Kernwaffen freiwerdende Kernstrahlung wird aus praktischen Gründen in Anfangs- und Rückstandsstrahlung unterteilt.

Unter *Anfangsstrahlung* versteht man die bis eine Minute nach dem Explosionszeitpunkt freigesetzte Strahlungsmenge – sie besteht hauptsächlich aus Neutronenstrahlen und aus Gammastrahlung, denn die Reichweite von Alpha- und Beta-Strahlung ist bei einer Luftexplosion zu gering, um den Erdboden zu erreichen. Eine Minute nach dem Explosionszeitpunkt – und dies ist auch der Grund für die oben erwähnte »Minutengrenze« zwischen Anfangs- und Rückstandsstrahlung – sind alle Reste des Sprengkörpers in Form winziger Teilchen zu solcher Höhe aufgestiegen, daß die von diesen Teilchen ausgehende Strahlung den Boden nicht erreicht; die feinen Teilchen werden in der Atmosphäre verteilt und fallen als radioaktiver Niederschlag (Fall-out) zur Erde nieder.

Sie sind der wesentliche Faktor bei der *Rückstandsstrahlung*, die, je nach Witterungsverhältnissen, insbesondere je nach Windrichtung und Windstärke, große Gebiete verseuchen kann.

Bei herkömmlichen Atombomben – seien es Spalt- oder Fusionsbomben – beträgt die Anfangsstrahlung etwa 5%, die

Radioaktive Strahlen	Wellenstrahlen	Thermische Strahlen		
		Röntgenstrahlen		Ionisierende Strahlen
		Gammastrahlen	Kernstrahlen	
	Teilchenstrahlen	Alphastrahlen		
		Betastrahlen		
		Neutronenstrahlen		

Zur Terminologie der Strahlen. In der Mitte der Anordnung sind die verschiedenen Strahlenarten untereinander aufgeschrieben. Auf der linken und rechten Seite werden sie unter übergeordneten Begriffen zusammengefaßt.

Rückstandsstrahlung etwa 10% der gesamten Explosionsenergie – so daß etwa 15% der Gesamtenergie als Kernstrahlung, 35% als Wärme und 50% als Druck freigesetzt werden.

Anders verhält es sich bei der sogenannten *Neutronenbombe,* deren Produktion ja vor kurzem von Präsident Reagan angeordnet worden ist.

Bei dieser Bombe liegt ein anderes Verteilungsmuster vor: 30% der Explosionsenergie werden hier als Anfangsstrahlung frei, 5% als Rückstandsstrahlung – die Anteile von Wärme (25%) und Druck (40%) treten entsprechend in den Hintergrund. Die Wirkungen von Hitze und Druckwelle sind also bei diesem Bombentypus zugunsten einer gewaltigen Menge von Anfangsstrahlung reduziert worden.

Die Wirkung der Kernstrahlung auf den Menschen:
Die schädliche Wirkung der Kernstrahlung auf lebendiges Gewebe ist, wie bereits erwähnt, Folge der durch diese Strahlung bewirkten Ionisationsvorgänge in den Zellen – der biochemische Aufbau der Zellen wird gestört, die Zelle wird in ihrer Funktionsfähigkeit beeinträchtigt, gegebenenfalls bis hin zum Zelltod.

Eine Ganzkörperbestrahlung mit Röntgen- oder Gammastrahlen in einer Dosis von 400 Röntgen (eine Maßeinheit, die nur für diese Strahlenarten benutzt wird) würde in einer Gruppe von Menschen, die dieser Bestrahlung ausgesetzt ist, jeden zweiten unter ihnen töten.

Dies heißt aber keineswegs, daß nicht auch schon geringere Strahlungsdosen schädlich sind.

Entscheidend ist die Dosis, aber auch – wegen der unterschiedlichen Eindringtiefe – die Strahlungsart: Gammastrahlung durchdringt den menschlichen Körper völlig und kann deshalb überall im Körper Schaden anrichten; Alpha- und Betastrahlen können praktisch kaum die Haut durchdringen – aber sie hinterlassen dennoch Spuren, wenn sie durch die Atemluft oder durch Nahrung in den Körper gelangen oder aus Wunden in den Blutkreislauf aufgenommen werden. Außerdem wirken sich Alpha-, Beta- und Gammastrahlen insofern verschieden aus, als die räumliche Verteilung der von ihnen in Gang gesetzten Ionisationsprozesse unterschiedlich ist. Alpha- und Neutronenstrahlen ionisieren dichter, sind somit biologisch auch gefährlicher als Gammastrahlen, oder, anders ausgedrückt, es sind geringere Energiemengen notwendig, um den gleichen (schädlichen) biologischen Effekt zu erzielen.

Die verschiedenen Gewebe sind in unterschiedlichem Maße gegen Kernstrahlung empfindlich. Besonders sensibel, also besonders leicht zu schädigen, sind Zellen, die kurz vor der Teilung stehen. Empfindlich sind deshalb vor allem die sogenannten »Mausergewebe« – Gewebe mit hohem Zellumsatz und hoher Zellteilungsrate, also die Keimdrüsen, das Knochenmark, das lymphatische Gewebe, Milz und Thymusdrüse, die Schleimhaut des Magen-Darm-Traktes sowie die Anhangsgebilde der Haut.

Schon bei Belastungen mit etwa 25 Röntgen zeigen sich im lymphatischen Gewebe deutliche, wenn auch rasch ausheilende Schäden. Ab etwa 50 Röntgen beginnt eine Schädigung des Knochenmarks, die bis zur völligen Vernarbung führen kann. Klinisch bedeutet dies eine Schwächung der Abwehrkräfte, während das Immunsystem aussetzt, zu wenig weiße Blutkörperchen produziert werden und die Blutgerinnung wegen des Mangels an Blutplättchen (Thrombozyten) gestört ist. Bei höheren Strahlendosen kommt es zur akuten Schleimhautschädigung im Magen-Darm-Trakt, im schlimmsten Falle zum Total-Ulcus, das sich über das gesamte Verdauungssystem erstreckt. Sehr hohe Strahlendosen führen zum durch das Zentralnervensystem ausgelösten Tod.

Eine Strahlendosis von 600 Röntgen tötet jeden Menschen, eine Dosis von 300 Röntgen würde bei 94% der Verstrahlten

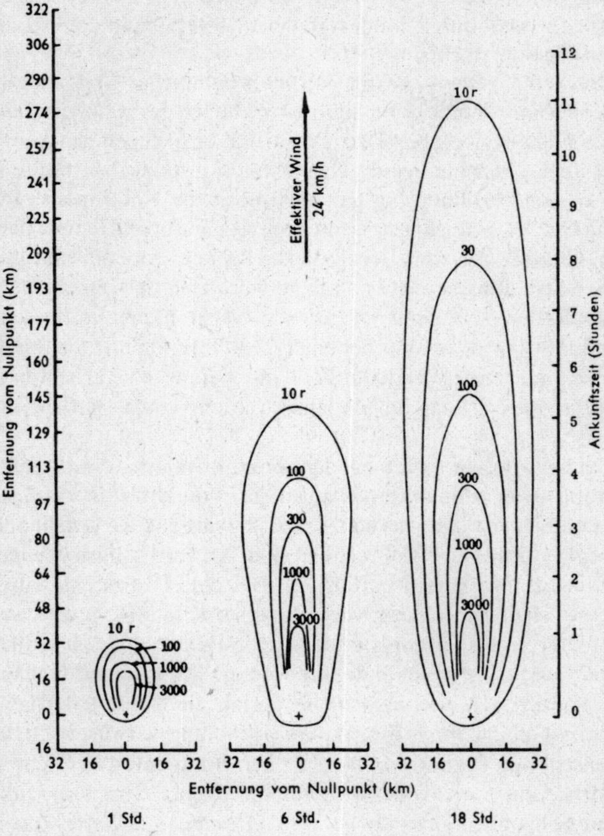

Lokaler radioaktiver Niederschlag nach Bodenexplosionen von Kernwaffen: Konturen der Gesamtdosis aus frühem radioaktivem Niederschlag 1, 6 und 18 Stunden nach Bodenexplosion eines durch Kernspaltung explodierenden 1-MT-Atomsprengkörpers (24 km effektive Windgeschwindigkeit).

eine schwere Strahlenkrankheit (mit Hautblutungen und schweren Durchfällen) hervorrufen, wobei stets zu berücksichtigen ist, daß die Wirkung der Strahlung auf einen schon anderweitig – zum Beispiel durch Knochenbrüche oder Brandwunden oder durch beides zugleich – verletzten Menschen besonders gefährlich ist.

Bei einer Bombenexplosion herkömmlicher Art (Spalt- oder Fusionsbombe) sind die Auswirkungen der *Anfangsstrahlung* nicht von großer Bedeutung; die sich kugelförmig und mit Lichtgeschwindigkeit vom Explosionspunkt ausbreitende Gammastrahlung (zu der auch noch die Neutronenstrahlung kommt) erreicht zwar ein keineswegs geringes Gebiet, aber ein Gebiet, das von der Druckwelle und von der thermischen Strahlung bereits so stark verwüstet ist, daß ohnehin fast alles Leben vernichtet ist. Dieser Effekt nimmt mit wachsender Sprengkraft zu – bei einer 20-MT-Bombe ist die durch Hitze und Druck erzielte Wirkung bereits so verheerend, daß die Auswirkung der Anfangsstrahlung kaum ins Gewicht fällt.

Anders verhält es sich bei der bereits erwähnten Neutronenbombe. Hier treten die Auswirkungen von Hitze und Druck, wie bereits erwähnt, ja relativ zurück, während die anfallende Anfangsstrahlung einen recht großen Teil der Explosionsenergie ausmacht, nahezu ein Drittel. Bei der Neutronenbombe, die mit einer Sprengkraft von etwa einer Kilotonne produziert werden soll (als Sprengkopf der Lance-Rakete und als Artillerie-Granate), ist deshalb die zerstörende Wirkung auf Gebäude, Panzer, o. ä. verhältnismäßig gering, sie würde jedoch ein großes Gebiet durch ihre Anfangsstrahlung verwüsten, d. h. Menschen entweder durch sofortigen Strahlentod vernichten oder sie einer qualvollen, eventuell tödlichen Strahlenkrankheit ausliefern. Deshalb ist diese Bombe als Waffe gegen Befreiungs- oder Guerillabewegungen geeignet.

Bei den herkömmlichen Spalt- und Fusionsbomben steht hingegen, anders als bei der Neutronenwaffe, die Schadwirkung durch Rückstandsstrahlung im Vordergrund. Sie stammt ja hauptsächlich aus den bei der Explosion erzeugten radioaktiven Spaltprodukten – bei einer 20-KT-Explosion etwa 1 kg, bei 20 MT rund 1 Tonne –, die bei der Explosion verdampfen, in

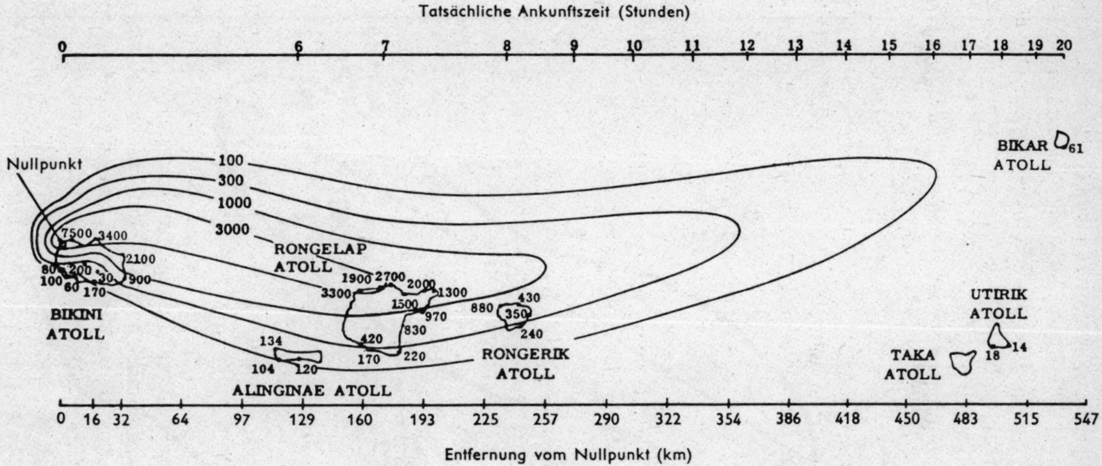

Zum lokalen radioaktiven Niederschlag (Fall-out)

1. Strahlendosen nach der MT-Explosion über dem Bikini-Atoll am 1. März 1954, gemessen in Röntgen

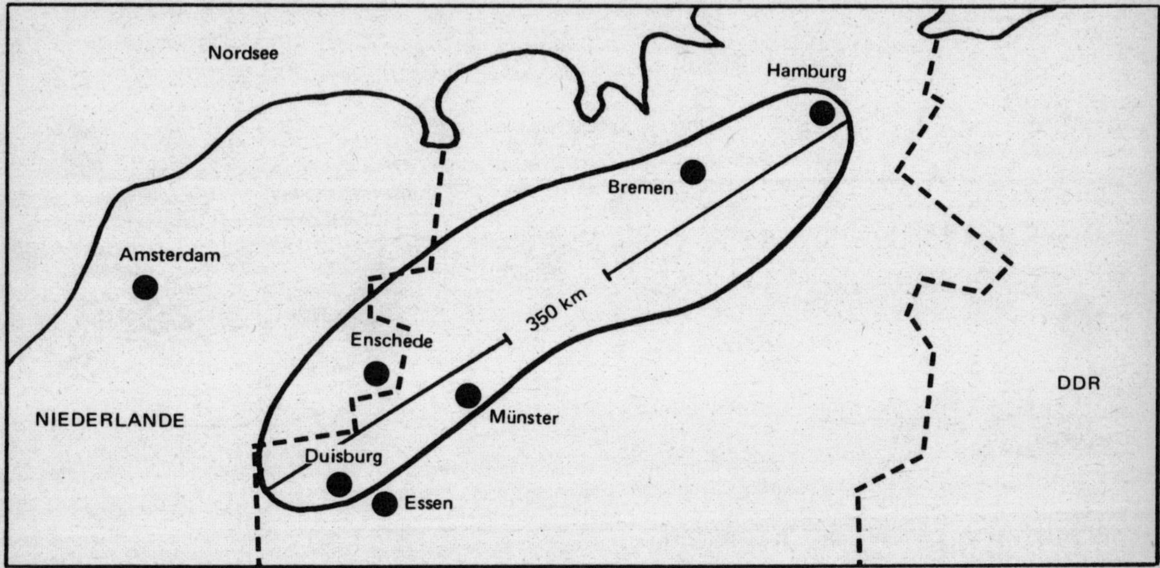

2. Übertragung der Verstrahlungsfigur auf Norddeutschland

große Höhen aufsteigen, durch Luftturbulenzen über weite Räume verteilt werden und als radioaktiver Niederschlag wieder zur Erde herabsinken. Dabei kann man den lokalen Niederschlag – Ablagerung von Spaltprodukten in der Nachbarschaft des Explosionsortes, im Verlauf von Stunden nach der Explosion – vom troposphärischen und vom stratosphärischen Niederschlag unterscheiden: In den beiden letztgenannten Fällen kommt es, je nachdem, wie hoch die radioaktiven Partikel in die Erdatmosphäre aufgestiegen sind, binnen einiger Wochen zum Fall-out in einem breiten, westöstlichen Gürtel rund um die Erde (troposphärischer Niederschlag) oder aber, noch zusätzlich, im Verlauf von Jahren zu einem über die ganze Erde verteilten Spät-Fall-out (stratosphärischer Niederschlag, nur bei Explosionen im Megatonnenbereich).

Welches Gebiet von der Rückstandsstrahlung betroffen sein wird, läßt sich – wegen der entscheidenden Bedeutung der Witterungsfaktoren – vorab nur schwer einschätzen. Immerhin ist bekannt, daß nach der 15-MT-Explosion am 1. März 1954 auf dem Bikini-Atoll 4 Tage nach der Explosion noch 354 km vom Nullpunkt entfernt Strahlen-Gesamtdosen von 300 Röntgen gemessen wurden. Man hat ausgerechnet, daß bei dieser Explosion alle Menschen, die sich in einem Gebiet von 55 km Breite und 275 km Länge unter freiem Himmel aufgehalten hätten, an einer absolut tödlichen Dosis Rückstandsstrahlung gestorben wären. Noch in 480 km Entfernung wäre mit Fällen von Strahlenkrankheit zu rechnen gewesen. Bei dieser Explosion handelte es sich um eine Bodenexplosion, die natürlich eine noch weit gefährlichere Menge an radioaktivem Niederschlag nach sich zieht als Detonationen in der Luft. Bei solchen Bodenexplosionen steht die Gefährdung durch frühen, lokalen radioaktiven Niederschlag innerhalb von Stunden bis Tagen im Vordergrund, während bei Luftexplosionen der lokale, frühe Niederschlag gegenüber dem verzögerten troposphärischen und stratosphärischen Niederschlag in den Hintergrund tritt.

3. Das Gesicht des Atomkrieges

Nukleare Sprengkörper mit einer Sprengkraft von 20 KT – was etwa der Hiroshima-Bombe entspricht – bezeichnet man als taktische Atomwaffen. Sollte eine Bombe dieser Art jemals über einer westdeutschen Stadt explodieren, so stammt sie – wegen der Bedeutung, die die westliche Strategie dem Ersteinsatz von Atomwaffen beimißt – höchstwahrscheinlich aus den Arsenalen des Westens selbst. Es könnte sich z. B. um eine der 42 seit 1974 stationierten französischen Pluton-Raketen handeln, die einen Sprengkopf von etwa 20 Kilotonnen tragen und – mit einer Reichweite von 120 km – für den Einsatz auf dem Territorium der BRD vorgesehen sind.

Der Einsatz einer solchen Nuklearwaffe hätte verheerende Folgen:

Das erste, was die Menschen von der Explosion bemerken würden, wäre der grelle Blitz, der sich in einen Feuerball verwandelt. Schon die Wahrnehmung dieser Erscheinung würde Tausende verletzen – bei allen, die zufällig in den Lichtblitz geblickt haben, wäre in einem Umkreis von rund 5 km mit dauernder Erblindung durch Netzhautverbrennung zu rechnen; vorübergehende Erblindung wäre in noch weit größerem Umfang anzutreffen. Die Druckwelle wirkt sich Sekundenbruchteile später aus. In einem Umkreis von anderthalb km würde sie jedes Bauwerk bis zur Unkenntlichkeit zerstören. Die Überreste der Gebäude würden, infolge der großen Hitze, sofort in Flammen stehen.

In einem Umkreis von **1 km** starben in Hiroshima 86 % der Menschen, die sich in dieser Region aufhielten, auf der Stelle.

Bis zu einem Umkreis von **2 km** sind alle Gebäude so schwer zerstört, daß sie als unbewohnbar gelten müssen. Alles Material, das leicht entzündlich ist – Papier, Kunstfasern, trockenes Holz – entzündet sich, ein gewaltiger Großbrand entsteht. Zur Brandbekämpfung aber gibt es weder Menschen noch Gerät. Menschen, die durch glückliche Umstände weder durch Druck noch durch Hitze schwer verletzt worden sind, haben, wenn sie sich im Freien aufhielten, eine Anfangsstrahlungs-Dosis aufgenommen, die – etwa 300 Röntgen – ihren Gesundheitszustand schwer beeinträchtigen wird.

Bis zu einem Radius von **2,5 km** werden an Fachwerkhäusern noch schwere Zerstörungen angerichtet; diese Häuser sind großenteils eingestürzt oder akut einsturzgefährdet. Auch andere Gebäude, zum Beispiel Backsteinhäuser, sind erheblich beschädigt – Türen und Fenster zerschmettert, Zwischenwände eingestürzt, Dächer teilweise abgedeckt. Es besteht akute Brandgefahr. Papier, Laub und Heu haben Feuer gefangen; elektrische Kurzschlüsse, zerstörte Öfen, auslaufendes Öl halten die Feuer in Gang.

Innerhalb dieses Umkreises – 2,5 km im Halbmesser – starben in Hiroshima 38% aller Menschen sofort. Die Überlebenden waren fast alle mehr oder weniger schwer verletzt – durch Trümmerverletzungen, durch Knochenbrüche, durch Brandwunden oder durch Strahlenverletzungen oder, zumeist, durch alles zusammen.

Noch bis zu einem Umkreis von **4 km** erleiden die Menschen, die in ihren Wohnungen oder in ihren Arbeitsstätten von der Explosion überrascht worden sind, schwerste Verletzungen durch die zerberstenden Fensterscheiben – die Druckwelle der Explosion beschleunigt die Splitter der zerschmetterten Fenster auf fast 90 Stundenkilometer, so daß Kleidung, Haut und Muskelgewebe bis auf die Knochen durchschlagen werden. In vielen Großraumbüros mit riesigen Fensterflächen wird es aussehen, als habe ein Wahnsinniger mit einer Maschinenpistole kreuz und quer durch den Raum geschossen. Auch in dieser Zone droht noch Brandgefahr durch Entflammung von Zeitungspapier, Kunstfasergardinen etc. etc.

In dem zerstörten Stadtgebiet würde ein gewaltiges Großfeuer wüten, dessen Rauch im Nu den Horizont verdunkelt. Die wenigen Überlebenden würden verzweifelt versuchen, diesem Feuer – das zu bändigen ihnen völlig unmöglich ist – zu entfliehen; den vielen Schwerverletzten freilich wäre dies ebensowenig möglich wie jenen, die unter den Trümmern ihrer zerstörten Häuser hilflos begraben sind.

Hiroshima zählte im Jahre 1945 256 300 Einwohner, davon waren unmittelbar nach dem atomaren Angriff 68 000 getötet worden, etwa ein Viertel der Einwohnerzahl. Die Zahl der Gesamtverluste ist nicht sicher zu errechnen, da die Besatzungsmacht USA eine Nachrichtensperre verhängt hatte – in

Japan war es bis 1951 verboten, von Atombomben zu sprechen, Kranke wurden unter falschen oder ungenauen Diagnosen registriert (z. B. Magengeschwür statt Strahlenkrankheit) –, so daß genaue Angaben nicht mehr zu erhalten sind. Es kann jedoch davon ausgegangen werden, daß innerhalb weniger Tage sechs von zehn Personen innerhalb des Stadtgebietes umgekommen sind.

In Hiroshima haben von 298 Ärzten nur 18 überlebt, vom medizinischen Personal waren noch 124 Personen (von 1780) einsatzfähig. Von einer medizinischen Versorgung konnte unter solchen Bedingungen kaum noch gesprochen werden. Die Überlebenden, die nicht innerhalb weniger Tage an unmittelbaren Verletzungsfolgen (zum Beispiel an Brandwunden oder Strahlenkrankheit) stürben, hätten unter Seuchen, unzureichender Hygiene sowie unter Nahrungs- und Wassermangel zu leiden. Es ist schwer vorstellbar, wie sie die Konfrontation mit einer solchen Szenerie des Schreckens seelisch verkraften könnten. Aus Hiroshima ist berichtet worden, wie nachts Horden wilder Hunde die geschwächten Überlebenden angriffen. Scharen von Krähen stürzten sich aus der Luft auf die Toten und Sterbenden, denen sie die Augen aus dem Gesicht fraßen. Einigen Überlebenden hingen – als Folge der Druckwelle – die Augäpfel zentimeterweit aus ihren Höhlen. Die toten menschlichen Körper, die überall lagen, schienen sich durch die Vielzahl der Maden und durch Gasentwicklung zu bewegen – Szenen, vor denen menschliche Vorstellungskraft resigniert, da sie den Schrecken der Apokalypse gleichen.

Betrachten wir nun die Folgen der Explosion einer Bombe höherer Sprengkraft, ergibt sich ein noch schauerlicheres Bild. Wir wählen eine Bombe mit der Stärke einer Megatonne – dies entspricht den Sprengköpfen von SS4 und SS5, aber auch vergleichbarer amerikanischer Raketen.

Falls eine solche Bombe über einer westdeutschen Großstadt gezündet würde, würde Folgendes geschehen:

Im Umkreis von **1,5 km** wäre jedes Gebäude völlig zerstört – kein Stein bleibt auf dem anderen; die Erde wird »wüst und leer«.

Im Umkreis von **3 km** verdampft Metall, Glas schmilzt, der Asphalt kocht.

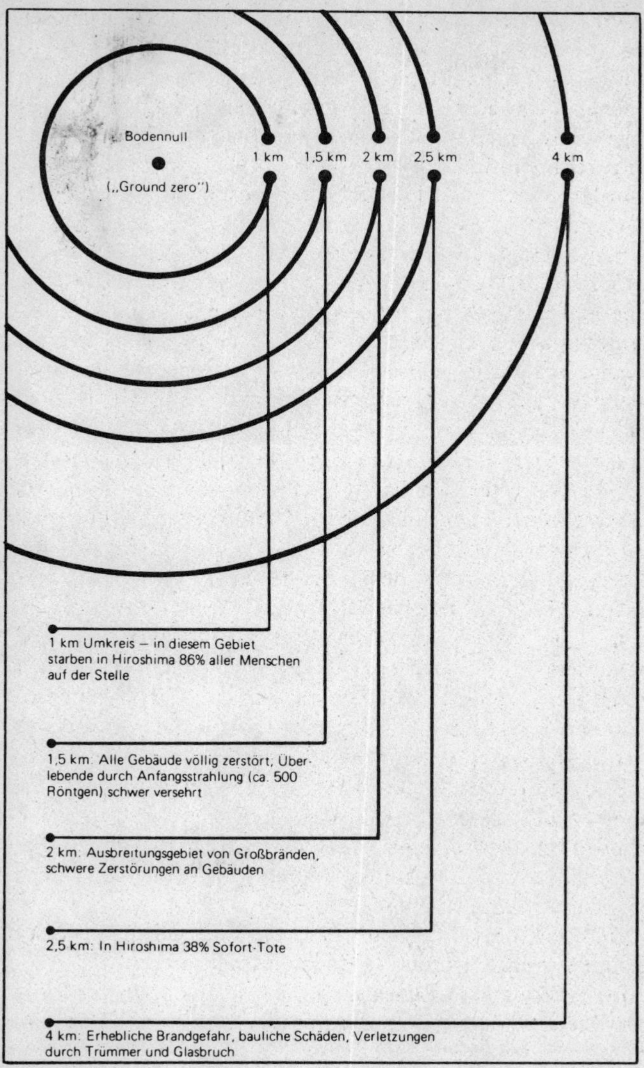

Wirkungsradien bei der Explosion einer 20-KT-Spaltbombe

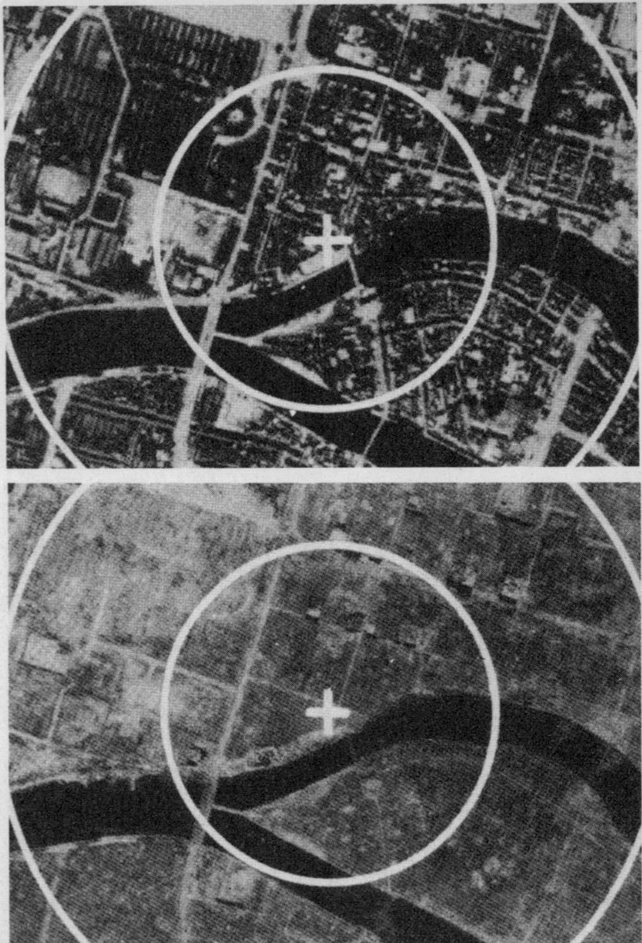

Die Stadt Hiroshima, von Fernaufklärern der amerikanischen Luftstreitkräfte vor und nach dem Abwurf einer Atombombe. Die Bombe hatte eine Zerstörungskraft von 15 Kilotonnen, sie wurde über dem Erdboden gezündet. Das weiße Kreuz markiert den Bodennullpunkt, das Hypozentrum lotrecht unter der Explosion. Der Abstand von Kreis zu Kreis beträgt 300 m. Die Hitzestrahlung entzündete zahlreiche Feuer. Sekunden später wurden die Häuser von der Druckwelle zerstört. Von zerborstenen Gasleitungen und Treibstofftanks genährt, bildete sich ein Feuersturm mit Windgeschwindigkeiten von mehr als 250 km/h und Temperaturen von 1000°C. Glas und Eisen schmolzen, der Asphalt brannte.

Im Umkreis von **7 km** bleiben nur Stahlbetonbauten erhalten, alle anderen Gebäude sind völlig zerstört. Es tobt ein Orkan von Windstärke 17 (Windgeschwindigkeit 225 km pro Stunde); die Druckwelle erzeugt einen Überdruck von 0,35 atü.

Diese Zone ist eine Todeszone, in der Überleben völlig unmöglich ist. Auch kein Atombunker hilft, denn die Hitzestrahlung heizt ihn auf eine Temperatur auf, bei der alle Insassen geröstet werden. Man bedenke: In einem Gebiet von 14 km Durchmesser wird schlagartig alles Leben ausgelöscht.

Bis zu **16 km** Umkreis entsteht durch die Hitzewelle ein gigantisches Großfeuer. Auch Schutzräume bieten kein Entrinnen, denn der Feuersturm verbraucht schlagartig den Sauerstoff der Luft: Wer nicht verbrennt, muß ersticken. Nur wenigen wird es gelingen, dieser Hölle zu entfliehen, und sie werden aufs schwerste verletzt sein.

Bis zu einem Umkreis von **18 km** herrscht Windstärke 12 und ein Überdruck von 0,2 atü. Gebäude werden schwer beschädigt oder zerstört, Menschen und Material durch die Luft gewirbelt, Bäume entwurzelt.

Und noch in vielen Kilometern Entfernung zerbersten die Fensterscheiben, werden Menschen durch Glassplitter verletzt, entstehen Feuer durch Entzündung von leicht entflammbarem Material, sind Menschen erblindet, die in den Feuerblitz der Bombenexplosion geblickt haben . . .

Amerikanische Studien, die der Kongreß in Auftrag gegeben hatte, errechnen für die Explosion einer 1-MT-Bombe folgende Verlustzahlen:

Detroit: 470 000 Sofort-Tote, 630 000 Schwerverletzte;

San Francisco: 624 000 Sofort-Tote, 306 000 Verletzte.

Auch in München oder Hamburg würde also, bei einer solchen Nuklearwaffenexplosion, rund eine halbe Million Menschen sofort sterben und noch einmal eine halbe Million Menschen wenig später.

Diese Dimensionen zeigen, daß es völlig unangemessen ist, den Atomkrieg mit irgendeiner anderen Form der Katastrophe zu vergleichen. Noch nie in der Geschichte der Menschheit hat es ein Unglück gegeben, das schlagartig einer Million Menschen das Leben kostete.

Von einer medizinischen Versorgung der Überlebenden in irgendeinem vernünftigen Sinne des Wortes zu sprechen ist nicht mehr möglich.

In den Studien über die Folgen eines Atomangriffs auf amerikanische Großstädte, die oben erwähnt wurden, hat man errechnet, daß jeder überlebende Arzt dieser Regionen 1700 Schwerverletzte zu versorgen hätte. Noch nach einer Woche Arbeit hätte der Arzt nicht einmal jeden Patienten wenigstens einmal gesehen – und dabei ist noch nicht berücksichtigt, daß ja auch die Infrastruktur der modernen Medizin zu bestehen aufgehört hat:

Es gibt weder Elektrizität noch Transportsysteme noch Kommunikationsmittel. Es gibt keine Krankenhäuser, keine Apotheken, keine Ambulanzwagen. Es gibt keine Medikamente, kein Blutplasma . . . es gibt nicht einmal mehr Wasser. Nichts geht mehr. Die Steinzeit ist zurückgekehrt, aber sie ist radioaktiv verseucht.

Schon **eine** Atombombenexplosion der geschilderten Art würde unser Gesundheitswesen zusammenbrechen lassen. Und schon bei **zwei** oder **drei** Explosionen dieser Art würde die Bundesrepublik aufhören, ein bewohnbares Gebiet zu sein.

Die Überlebenden dieses Infernos müßten wahrlich die Toten beneiden. Sofern sie nicht an Knochen- und Schädelbrüchen, an Brandwunden, an den Folgen der Strahlenkrankheit sterben, werden sie durch Seuchen dahingerafft, die – bei Hunderttausenden von verwesenden Leichen – massenhaft ausbrechen werden. Bei den Verwundeten und Verstrahlten ist die Widerstandskraft ohnehin herabgesetzt. Und wer sollte Seuchenbekämpfung betreiben? Hygienische Wasserversorgung, sauber zubereitete Nahrungsmittel bleiben ein Wunschtraum. Krankheiten, die wir bereits vergessen haben, wie Pest und Diphtherie, werden Tausende von Opfern fordern.

Außerdem ist zu beachten, daß durch die radioaktive Strahlung Bakterienstämme mutieren werden und Krankheiten verursachen, die man bislang noch gar nicht kannte.

Viele Menschen würden an Erkrankungen der Schilddrüse (Hypothyreose) leiden, weil das radioaktive Jod dieses Organ geschädigt hat; Kinder, denen im Mutterleib dasselbe Schicksal zuteil geworden ist, kämen als Kretins zur Welt. Viele andere ungeboren bestrahlte Kinder würden mit geistigen Behinderungen bzw. Mißbildungen des Gehirns geboren, da ihr Zentralnervensystem die Strahlendosis nicht folgenlos vertragen konnte (das sich enwickelnde Gehirn ist besonders strahlensensibel). Die Frauen verlören vielfach ihre Regelblutung, viele für immer. Auch viele Männer wären vorübergehend oder auch für dauernd unfruchtbar, da die Gammastrahlen das besonders empfindliche Gewebe der Keimdrüsen geschädigt haben. Und wenn diese Männer und Frauen später die Unfruchtbarkeit verlören, wer wollte dann noch das Risiko eingehen, ein Kind zu zeugen?

Die Überlebenden – mit ausgefallenen Haaren, schlecht heilenden Brandwunden, von schmerzhaften Magengeschwüren geplagt, viele erblindet oder taub, Tausende schwer seelisch geschädigt – vegetieren in einer schrecklichen Lage dahin. Diejenigen, die sich trotzdem – um welchen Preis auch immer – irgendwie am Leben erhalten könnten, würden 5 bis 10 Jahre nach dem Bombenregen durch eine Leukämie-Epidemie weiter dezimiert. Nochmals 10 bis 20 Jahre später hätten sie unter einer seuchenartigen Häufung von Organ- und Knochenkrebs zu leiden.

Alles dies vor Augen, ist zu vermuten, daß von den Überlebenden eines Atomkrieges sicherlich nicht wenige den Freitod wählen. Fast alles, wofür sie gelebt haben und was sie liebten, ist ja zerstört; ihre Häuser liegen in Schutt und Asche, in ihren Familien lassen sich die Überlebenden leichter zählen als die Toten. Und von der Zukunft sind nur neue, andauernde Schrecken zu erwarten.

So hätte sich die Menschheit selbst die Apokalypse bereitet. Da die Wirkung eines atomaren Großkrieges auf Atmosphäre, Klima und Wetter weitgehend unerforscht sind – einige Wissenschaftler nehmen an, es könnte sogar die die Sonneneinstrahlung dämpfende Ozonschicht zerstört werden –, ist durchaus ungewiß, ob überhaupt noch menschliches Leben auf unserem Planeten auf Dauer möglich wäre. Das gilt natürlich auch für Tiere und Pflanzen, für die gesamte Biosphäre. Wir wissen allerdings, daß Küchenschaben fast eine halbe Million mal unempfindlicher gegenüber der Kernstrahlung sind als wir

Menschen – vielleicht hätten sie eine Chance, den atomaren Holocaust zu überstehen.

An diesem Punkt möchte ich meine Ausführungen abbrechen, denn es gibt eine Form des Grauens, für das Worte nicht ausreichen und für das all unsere Beschreibungen unangemessen erscheinen.

Das Fazit, das ich an dieser Stelle ziehen möchte, heißt:

Der Atomkrieg ist mit keiner bekannten Katastrophe vergleichbar.

Seine Auswirkungen stellen die Fortexistenz der Menschheit auf diesem Planeten grundsätzlich in Frage.

Der Atomkrieg gehört nicht zu den Problemen, die wir mit den Mitteln der herkömmlichen Medizin meistern können.

Seine Folgen sind unheilbar.

Hier hilft nur eines: Vorbeugung.

Knut Sroka
Katastrophenmedizin und Notstandsgesetze für das Gesundheitswesen

Wie erzählen unsere ärztlichen Standespolitiker: Die Katastrophenmedizin, die jetzt allenthalben propagiert wird, habe nichts mit Politik zu tun. Katastrophenmedizin bedeute, daß man der ärztlichen Verpflichtung zur Hilfeleistung eben auch im Falle einer Katastrophe nachkommen müsse und sich rechtzeitig darauf vorzubereiten habe.

Katastrophenmedizin entspräche so dem ärztlichen Verantwortungsbewußtsein und sie sei, noch einmal, wirklich unpolitisch.

Meine These hingegen lautet: Katastrophenmedizin ist eine hochpolitische Angelegenheit. Gemeinsam mit dem zunächst als »Gesundheitssicherstellungsgesetz« (SPD) und jetzt als »Gesundheitsschutzgesetz« (CDU/CSU) geplanten Notstandsgesetz für das Gesundheitswesen stellt sie eine Maßnahme *offensiver Kriegsvorbereitung* dar. Um dies zu begründen, muß ich allerdings politisch argumentieren und hier insbesondere auf die heutige Einstellung der US-Regierung zum Atomkrieg eingehen.

Zivilschutz wird zu offensiver Kriegsvorbereitung

Ende der siebziger Jahre hat sich bekanntlich in der amerikanischen Regierung ein radikaler Umdenkungsprozeß in bezug auf den Atomkrieg durchgesetzt, der heute zur Grundlage der strategischen Planung, der Waffenentwicklung und auch des Zivilschutzes geworden ist. Bis dahin basierte die Abschrekkung ja auf der wechselseitig gesicherten Zerstörungskraft der beiden Supermächte. Atomwaffen schienen nur dazu geschaffen, zu verhindern, daß sie jemals eingesetzt werden. Das hat sich grundlegend geändert. Den verlorenen Krieg in Vietnam im Nacken und die jüngsten Niederlagen in Iran und in Nicaragua noch frisch im Gedächtnis, hat sich heute unter der Regie der sogenannten »war fighter«, der Kriegsführungsstrategen, eine politische Linie in Amerika durchgesetzt, die auch im Atomzeitalter den Krieg als jederzeit einsatzfähiges politisches Machtinstrument verstehen will. Jetzt heißt es, ein Atomkrieg könne begrenzt geführt, ja gewonnen werden. Mit den Worten von US-Vizepräsident George Bush:

»Man muß die Überlebensmöglichkeit der Oberkommandos sichern, die Überlebensmöglichkeit eines Industriepotentials; man muß den Schutz einer gewissen Prozentzahl von Bürgern sichern und eine Kapazität an Waffen haben, die der Gegenseite mehr Schaden zufügt, als sie einem selber zufügen kann – das ist genau der Weg, auf dem man einen Sieger in einem Nuklearkrieg hat.« (Los Angeles Times, Januar 1980) Demzufolge kam in den letzten Jahren in den USA ein historisch beispielloser Aufrüstungsprozeß in Gang, mit dem Ziel, jede Art von Krieg nicht durch Abschreckung zu verhindern, sondern *auszufechten und zu gewinnen:* konventionelle Kriege, begrenzte Atomkriege, begrenzte, sich jedoch bis zu sechs Monate hinziehende Atomkriege und auch einen weltweiten Atomkrieg mit der Sowjetunion.

Abschreckung, so die heute in den USA vorherrschende These, könne es nur durch die auch für den Gegner erkennbare Fähigkeit geben, einen begrenzten Atomkrieg tatsächlich zu führen und *zu beginnen.* Der Atomkrieg als jederzeit androhbares, jederzeit ersteinsatzfähiges Instrument der Machtpolitik – das ist die politische Situation, in die wir hier in der Bundesrepublik gegenwärtig eingebunden werden.

Wo ist nun der Bezug zur Katastrophenmedizin? Eine solche Medizin ist ein wesentlicher Bestandteil des Zivilschutzes. Und eine kriegsvorbereitete, kriegsbereite Ärzteschaft ist ein vorzüglicher Hebel, um Illusionen von Schutz und Hilfe in einem Atomkrieg entstehen zu lassen. Die Funktion des Zivilschutzes – und seien es Illusionen von Zivilschutz – im Rahmen der neuen Strategie vom führbaren Atomkrieg sind von Colin S. Gray in seiner nun schon historischen Schrift »Sieg ist möglich« vor drei Jahren deutlich beschrieben worden. Mr. Gray, inzwi-

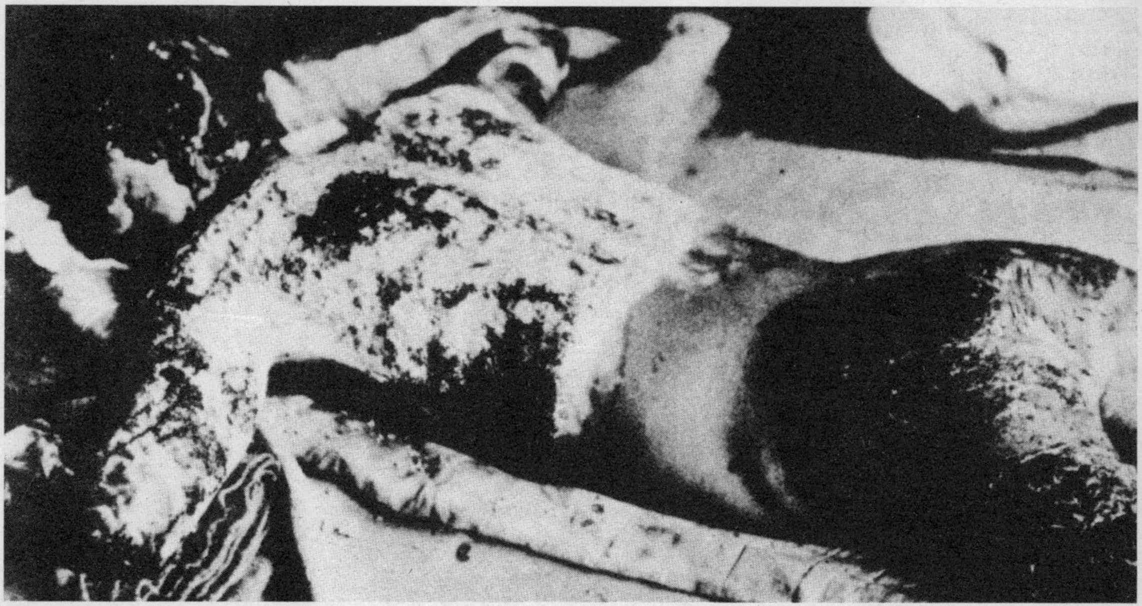

Verbrennungsopfer nach dem Atombombenabwurf auf Hiroshima

schen zum Präsidentenberater für Abrüstungsfragen (!!) ernannt, schrieb 1980:

»Die Vereinigten Staaten sollten planen, die Sowjetunion zu besiegen, und zwar zu einem Preis, der eine Erholung der USA erlauben würde.« (Foreign Policy, Heft 39, 1980). Weiter führte er aus:

»Die amerikanische Regierung muß versuchen, die Freiheit zu einem offensiven Atomschlag und die Glaubwürdigkeit ihrer offensiven Atomkriegsdrohung mit dem Schutz amerikanischen Territoriums zu verbinden.«

An anderer Stelle schlug er vor, »eine intelligente amerikanische Offensivstrategie in Verbindung mit Heimatverteidigung«, sprich Zivilschutz, »um die strategischen Drohungen der USA *glaubwürdiger* zu machen«.

So plädierte er schließlich für die Kombination von offensivem Entwaffnungsschlag, Zivilschutz und einem Raketenabwehrsystem, um die bisherige atomare Selbstabschreckung, also die Angst, die Atomwaffen auch tatsächlich einzusetzen, zu überwinden.

Die Funktion des Zivilschutzes im Rahmen der heute gültigen US-Strategie ist damit deutlich benannt: Der Zivilschutz – korrekt gesagt natürlich die Illusion von Zivilschutz, denn es wird, wie im vorhergehenden Abschnitt dieses Buches gezeigt worden ist, keinen wirksamen Schutz der Bevölkerung in einem Atomkrieg geben – ist eine wesentliche Stütze für die Glaubwürdigkeit der atomaren Drohgebärde und dient außerdem dazu, die atomare Hemmschwelle überschreitbar zu machen, also die offensiven atomaren Strategien auch tatsächlich beginnen und durchführen zu können.

Diese Funktion des Zivilschutzes gilt nicht nur für die Vereinigten Staaten, sondern trifft mit der geplanten Stationierung neuer Mittelstreckenraketen, die als reine Erstschlagwaffen diese neue Strategie bei uns verwirklichen sollen, auch auf die Bundesrepublik Deutschland zu.

Und so ist es nur logisch, daß seit dem Stationierungsbeschluß der NATO vom 12. 12. 1979 der Zivilschutz in der BRD ausgemottet und aufgemöbelt worden ist: Seitdem florieren der öffentliche und der private Bunkerbau, seitdem wird die Rüstung des Deutschen Roten Kreuzes und anderer Hilfs-

Das selbstschutzgemäße Haus

Als Folge von Explosionen, Naturkatastrophen, vor allem aber von Waffenwirkungen können Menschen unter den Trümmern ihrer Häuser verschüttet werden. Dann müssen die Verschütteten, wie die helfende Nachbarschaft, schnell und richtig handeln. Das Wie lernt man im Selbstschutz-Grundlehrgang, das geeignete Gerät dazu aber muß dann in jedem Haus vorhanden sein:

- Halblange Schaufel
- Kurzer Spaten
- Spitzhacke
- Brechstange
- Bügelsäge oder Fuchsschwanz
- Stichsäge für Holz und Metall
- Beil
- Fäustel
- Spitzsteinmeißel
- Flachsteinmeißel
- Kneif- oder Beißzange
- Bergetuch

Im Verteidigungsfall kann eine allgemeine Verdunkelung angeordnet werden. Dann sind Verdunkelungsmaßnahmen für alle Fenster und nach außen liegende Glaswände erforderlich. Sie sollten daher wissen, wie es gemacht wird. Am besten ist es, die Verdunkelungseinrichtungen so vorzusehen, daß sie gleichzeitig als Abschirmung der Hitzestrahlung einer Atomsprengkörper-Detonation dienen. Außerdem bleibt, wenn die Fenster durch den Schalldruck zerstört sind, der Raum immer noch bewohnbar.

- Verdunkelungseinrichtungen sollten daher nicht nur aus lichtundurchlässigem, sondern auch festem Material (Holz, Hartfaser, Metall usw.) gefertigt sein. Sie werden von außen in die Fensterlaibungen eingepaßt, bzw. bei glatten Fassaden vor die Fenster montiert. Zur Abschirmung gegen Hitze sollen sie weiß gestrichen oder mit Alufolie belegt sein. Sind sie rundum abgedichtet, dann schützen sie auch vor dem Eindringen von radioaktivem Niederschlag, chemischen und biologischen (bakteriologischen) Kampfstoffen.

(Aus: »Ihr Zivilschutzpaket« vom Bundesverband für Selbtschutz 1981)

organisationen für den Atomkrieg vervollständigt, seitdem wird wieder lautstark nach einem Notstandsgesetz für das Gesundheitswesen gerufen, und seitdem wird von den Ärztekammern unter dem Titel »katastrophenmedizinische Fortbildung« mit dem kriegsmedizinischen Training der Ärzte begonnen.

»Im Rahmen der Gesamtverteidigung kommt der Zivilverteidigung eine Bedeutung zu, die bisher nicht ausreichend in der Bundesrepublik Deutschland beachtet wurde«, heißt es in der Einleitung zum Entwurf des Gesundheitsschutzgesetzes, das am 10. 3. 1982 als Drucksache 9/1448 von 10 CDU/CSU-Abgeordneten in den 9. Deutschen Bundestag eingebracht wurde.

Und weiter: »Innerhalb der Zivilverteidigung wurde dem Sondergebiet des Sanitäts- und Gesundheitswesens kaum die

Beachtung geschenkt, die sie im Ernstfall notwendigerweise verdient.«

Der hier geforderte Zivilschutz, der Ausbau von Maßnahmen für den Schutz der Zivilbevölkerung, ist jedoch, so paradox dies klingen mag, keineswegs an sich defensiv und humanitär. Ein Zivilschutz, der die Glaubwürdigkeit einer offensiven Atomkriegsstrategie zu unterstützen hat, der die Schwelle zum Atomkrieg überschreitbar machen soll, wird zu einer offensiven kriegsvorbereitenden Maßnahme. Ein umfassendes kriegsmedizinisches Training aller Ärzte, eine umfassende Ausrichtung des gesamten Gesundheitswesens auf den Kriegsfall sind wirkungsvolle psychologische Maßnahmen, um Illusionen von Hilfe in einem Atomkrieg zu wecken, um psychische Barrieren gegenüber der Atomkriegsgefahr abzubauen und um damit die Kriegsbereitschaft der Bevölkerung zu stärken. Katastrophenmedizin und das geplante sogenannte Gesundheitsschutzgesetz sind somit Bausteine in der umfassenden offensiven US-Kriegsführungsstrategie.

Derzeit sind die Raketen allerdings noch nicht stationiert und die Friedensbewegung ist angetreten, diese Stationierung zu verhindern. Momentan soll der Ausbau des Zivilschutzes und auch die Katastrophenmedizin-Kampagne der Ärztekammer psychologisch Flankenschutz für die Aufrüstung, Flankenschutz für die Stationierung geben. Neben der ständig geschürten Russenangst sind es eben auch die Zivilschutz-Illusionen, die der Bevölkerung die Kröte »Nachrüstung« schmackhaft machen sollen. Daraus folgt, daß die Zerstörung dieser Illusionen – einer der wesentlichen Beiträge unserer Ärztebewegung zur Friedensbewegung – kein schlechter Hebel ist, der Stationierung entgegenzuwirken. Wie überhaupt all unser Widerstand gegen Katastrophenmedizin und Notstandsgesetz im Gesundheitswesen auch dem entscheidenden Nahziel dient: die Stationierung neuer Mittelstreckenraketen in der Bundesrepublik zu verhindern.

Die Prinzipien der Katastrophenmedizin

Nun zu den Inhalten der Katastrophenmedizin.

Katastrophenmedizin ist human, ist effektiv, ist ökonomisch, ist ethisch einwandfrei – und nicht nur das, sie ist geradezu ein ethisches Erfordernis. Und vor allem hat Katastrophemedizin nichts mit Kriegsmedizin zu tun – so wiederum die ärztlichen Standespolitiker als Betreiber der Katastrophenmedizin-Kampagne.

Diese Kampagne begann, wie bereits erwähnt, zeitgleich mit dem Stationierungsbeschluß der NATO zum Jahreswechsel 1979/80. Im Jahre 1980 wurde die Deutsche Gesellschaft für Katastrophenmedizin gegründet, 1981 schuf sich die Bundesärztekammer einen Beirat »Katastrophenmedizin«, dessen Vorsitz ausgerechnet dem ehedem höchsten Arzt der Bundeswehr, dem Generalarzt Rebentisch, übertragen wurde. Die führenden Katastrophenmediziner sind, wie Rebentisch, vorwiegend aktive oder ehemalige Militärmediziner. Und sie sprachen erfreulicherweise in den Jahren 1979/80 noch eine deutliche Sprache, wenn es um Sinn und Zweck ihres Anliegens ging:

»Da wir in unseren Breiten bisher von Naturkatastrophen, die Menschenleben forderten, weitgehend verschont blieben, beziehen sich unsere katastrophenmedizinischen Überlegungen im wesentlichen auf den Verteidigungsfall« (Kirchhoff). »Die entscheidenden Grundsätze der Katastrophenmedizin sind uns jedoch aus den Erfahrungen des Zweiten Weltkrieges und den Folgekriegen wie Vietnamkrieg und Krieg im Nahen Osten zugeflossen« (Kirchhoff). »Wenn Medizin auch direkt nichts mit Verteidigungspolitik und deren Glaubwürdigkeit zu tun hat . . ., so bestehen zwischen Katastrophenmedizin, Katastrophenschutz, Zivilschutz und Verteidigungspolitik doch letztlich enge direkte und indirekte Beziehungen. Die Glaubwürdigkeit einer Verteidigungspolitik in der dicht bevölkerten und hochindustrialisierten Bundesrepublik mit ihren Ballungszentren steht in direktem Zusammenhang mit einem bestmöglichen Katastrophen- und Zivilschutz« (Stordeur).

Diese Zitatenreihe ließe sich noch lange fortsetzen. Wie sehen nun diese katastrophenmedizinischen Grundsätze aus, die unseren Katastrophenmedizinern aus ihren Kriegserfahrungen zugeflossen sind?

Die Grundlagen kriegsmedizinischen Handelns sind im Handbuch der NATO ZDv49/50 festgeschrieben. Dort ist angeordnet, daß sich die kriegsmedizinische Tätigkeit auf die Behandlung »möglichst vieler Verwundeter mit guten Überlebenschancen und zu erwartender Dienstfähigkeit« zu konzentrieren hat. Im Klartext ist damit das Prinzip einer Euthanasie durch Hilfeverweigerung formuliert: Denn es bedeutet, daß bei einem Massenanfall von Verwundeten all diejenigen, deren Überlebenschancen nicht optimal sind oder bei denen mit nachhaltigen Behinderungen zu rechnen ist, bei denen also eine Wiederverwendung (»Dienstfähigkeit«) nicht mehr in Frage kommt, von ursächlichen therapeutischen Bemühungen auszuschließen sind.

Und genau dieses Grundprinzip der Kriegsmedizin ist zugleich das Grundprinzip der Katastrophenmedizin. Denn »Katastrophenmedizin zu praktizieren ist gleichbedeutend mit radikalem ärztlichen Umdenken« – so hörten wir von Rebentisch und anderen in den letzten Jahren zur Genüge, zum Beispiel von Rebentischs Nachfolger, Generaloberstabsarzt Linde: »Jede Katastrophe mit Massenanfall von Verletzten zwingt zum Umdenken im ärztlichen Handeln.« Darunter wird verstanden, daß die Praxis der Katastrophenmedizin eine Abkehr von den Prinzipien der Individualmedizin bedeutet zugunsten sogenannter massenmedizinischer Gesichtspunkte. Im Klartext ist damit gemeint, daß das Grundprinzip humaner Medizin, das darin besteht, Zeitpunkt und Art der Behandlung ausschließlich von der Hilfsbedürftigkeit der Betroffenen abhängig zu machen, für die Katastrophenmedizin nicht gilt, sondern daß die Katastrophenmedizin als getreues Abbild der Kriegsmedizin vom gleichen unmenschlichen Handlungsprinzip, genannt Triage, bestimmt wird. Die Herkunft des Wortes ist verräterisch. Es entstammt dem Französischen und bedeutet »Auslese«; ursprünglich war damit das Aussortieren der verrotteten Bohnen bei der Kaffeeproduktion gemeint.

Jetzt wird die Triage auf Menschen angewendet. Sie ist das Selektionsprinzip, nach dem behandlungswürdiges und nicht behandlungswürdiges Leben und damit in letzter Konsequenz

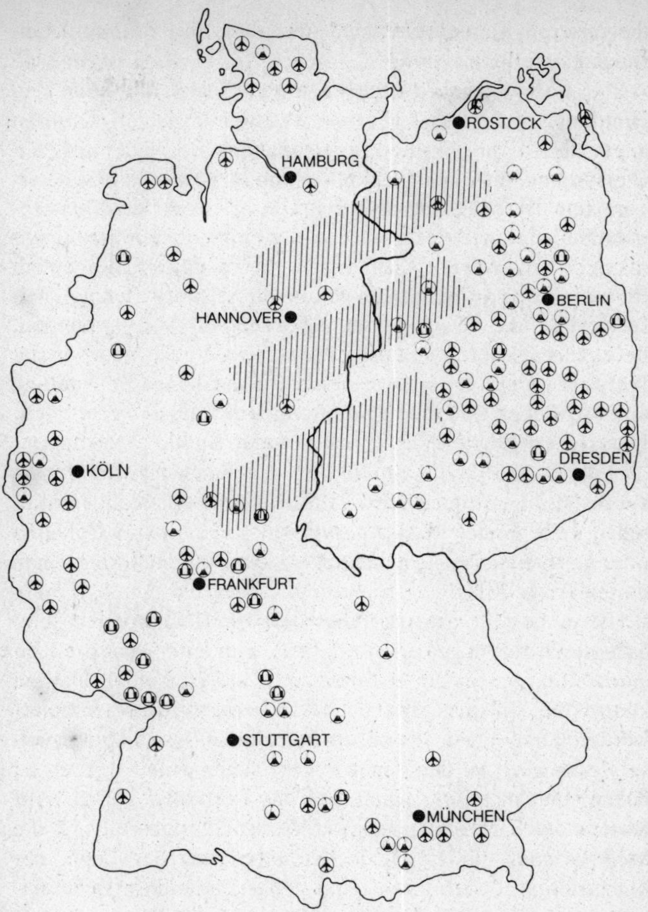

Die Lage von 92 militärischen Luftstützpunkten, 56 Kurzstreckenraketenstellungen und 24 bekannten und vermuteten Atomwaffenlagern in BRD und DDR. Diese Ziele sind eine Auswahl aus mehr als tausend, auf die ein begrenzter militärischer Präventivangriff gerichtet sein könnte. Um jedes Ziel liegt eine Todeszone von 180 Quadratkilometern. Bei der Explosion einer A-Bombe von 200 Kt Zerstörungskraft werden inner- und außerhalb der Todeszone so viele Menschen sterben, wie heute in ihr leben. Die Kreise repräsentieren rund 10 000, in Ballungsgebieten bis zu 200 000 Einwohner. In den schraffierten Zonen werden bei einer Konfrontation die Armeen von Warschauer Pakt und NATO aufgestellt. Dort wird die Mehrzahl taktischer Atomwaffen explodieren.

lebenswürdiges und lebensunwürdiges Leben unterschieden werden. In den militärmedizinischen Vorschriften ist für jede Art von Verletzung, ob Verbrennung, Polytrauma oder Verstrahlung, genau festgelegt, von welchem Verletzungsgrad an die Personen, die es schwerer getroffen hat, von jeder ursächlichen Behandlung auszuschließen sind. Und genau diese Vorschriften der Militärmedizin werden uns von den Katastrophenmedizinern als verbindliche Leitlinien der Katastrophenmedizin präsentiert. Auch hier geht es darum, bei einem Massenanfall von Verletzten gerade die Schwerverletzten, beispielsweise die Kranken mit ausgedehnten Verbrennungen, herauszuselektieren, um diese Menschen, die die medizinische Hilfe am nötigsten hätten, von jeder ursächlichen Behandlung auszuschließen und damit praktisch zum Tode zu verurteilen. Und folgerichtig ging es in den von der Bundesärztekammer und den Landesärztekammern durchgeführten Fortbildungsveranstaltungen zum Thema Katastrophenmedizin im »praktischen Teil« immer wieder darum, an geschminkten Soldaten oder beispielsweise auch an Dias aus dem Vietnamkrieg genau dieses Triage-Prinzip zu trainieren.

Hierin besteht also der von unseren Katastrophen- und Kriegsmedizinern geforderte radikale Umdenkungsprozeß: In einer Situation, in der die medizinischen Hilfsmöglichkeiten knapp sind, soll unser ärztliches Handeln und Tun korrumpiert werden. Denjenigen, die unsere Hilfe am nötigsten hätten, soll sie verweigert werden, um sie ganz jenen zuteil werden zu lassen, die im militärischen Sinn als wertvoller gelten. Auf Kosten der Schwächsten und Hilfsbedürftigsten soll sich die Medizin ganz der Logik des Militärs, ganz der Logik der Machtpolitik unterordnen. Und genau dieses Prinzip ist seinerzeit im Entwurf des Gesundheitssicherstellungsgesetzes, noch zu Zeiten der SPD/FDP-Koalition, fortgeschrieben worden. Dort hieß es: Die Krankenhäuser sollen im Bedarfsfall geräumt werden, die Alten-, Pflege-, Kinder- und Behindertenheime sind ebenfalls zu räumen – um sie ihrer kriegsmäßigen Nutzung zuzuführen. Also auch dort das gleiche unmenschliche Selektionsprinzip, ausgedehnt auf den gesamten sozialen Sektor.

Notstandsgesetze im Gesundheitswesen

Einige Worte zu den Notstandsgesetzen im Gesundheitswesen. Das erwähnte Gesundheitssicherstellungsgesetz der SPD/FDP-Koalition, das Kanzler Helmut Schmidt in seiner letzten Regierungserklärung gefordert und Ministerin Antje Huber im Mai 1980 vorgelegt hatte, ist zwar nach vielen öffentlichen Protesten von der Amtsnachfolgerin Anke Fuchs am 12. 5. 1982 zurückgezogen worden; jedoch hat die SPD zwischenzeitlich einen Referentenentwurf eines »Gesetzes zur Organisation des gesundheitlichen Zivilschutzes« vorgelegt. Dieser ist allerdings derzeit ohne Verwirklichungschance, zumal die SPD als neue Oppositionspartei in diesen Fragen gegenwärtig sehr vorsichtig taktiert. Bessere Chancen hat hingegen der von der CDU am 10. 3. 82 in den Bundestag eingebrachte Entwurf eines Gesundheitsschutzgesetzes. Dieses Gesetz steht im Herbst 1983 zur parlamentarischen Behandlung an und soll zum Jahresende, rechtzeitig zum Stationierungsbeginn, verabschiedet werden.

Anders als beim damaligen Gesundheitssicherstellungsgesetz handelt es sich hierbei um ein Bundesrahmengesetz, das den Ländern mehr Spielraum bei der Durchführung läßt und deshalb besser praktikabel erscheint.

Aber welche Gesetzeslücke soll hier denn eigentlich, mit welchem Entwurf auch immer, geschlossen werden? Das Katastrophenschutzgesetz von 1968 bestimmt in § 1: »Die Einheiten und Einrichtungen des Katastrophenschutzes nehmen ihre Aufgaben auch hinsichtlich der besonderen Gefahren und Schäden wahr, die im Verteidigungsfall drohen«, und das Zivilschutzgesetz von 1976 legt als Aufgabe des Zivilschutzes fest, dieser habe »durch nichtmilitärische Maßnahmen die Bevölkerung, ihre Wohnung und Arbeitsstätten, lebenswichtige Betriebe, Dienststellen und Anlagen sowie das Kulturgut vor Kriegseinwirkungen zu schützen . . .«

Wozu also noch neue Gesetze? Woran es bislang mangelte und was im gesamtpolitischen Zusammenhang der Nach- und Aufrüstung offenbar als dringlich erachtet wird, ist die *systematische Ausrüstung auch des Gesundheitswesens auf den Ernstfall.*

Alle Notstandsgesetzentwürfe für das Gesundheitswesen sind ausdrücklich auf den Kriegsfall zugeschnitten. Sie verlangen die Erfassung noch der letzten medizinischen Hilfskraft, schreiben dem zivilen Bereich unseres Gesundheitswesens die Erstellung von Einsatzplänen für den Kriegsfall zwingend vor und fordern schließlich die Zwangsfortbildung aller Ärzte in einer ausdrücklich für den Kriegsfall bestimmten Medizin unter dem Titel »Katastrophenmedizin«.

Das Gesundheitsschutzgesetz – das im Dokumentenanhang dieses Buches abgedruckt ist – legt hierzu im einzelnen fest:

– Landesbehörden sollen die Kapazität der Gesundheitseinrichtungen feststellen (§ 4) und den im Kriegsfall erhöhten Personalbedarf sichern – durch »freiwillige Verpflichtung oder durch Verpflichtung aufgrund dieses Gesetzes«, d. h. durch Zwangsrekrutierung.

– Für die solchermaßen zwangsweise Dienstverpflichteten können dann auch gleich Arbeitsverträge und Arbeitszeitordnung außer Kraft gesetzt werden.

– Alle im Gesundheitswesen Beschäftigten, eingeschlossen die den Kriegsdienst verweigernden Ersatzdienstleistenden, werden von den Behörden erfaßt, wozu diese Auskünfte einholen dürfen (§ 7), verplant und zu regelmäßigen Übungen verpflichtet, um die Funktionsfähigkeit des Gesamtsystems zu überprüfen (§ 4, 8).

– Die Universitäten sollen Lehrveranstaltungen in Katastrophenmedizin anbieten und deren Prinzipien und Grundsätze vermitteln (§ 5).

Diesen letzteren Punkt hatte die CDU schon wenige Monate vor der Einbringung des Gesundheitsschutzgesetzes in den Bundestag in einem ihrer Musterländer zur Vorschrift erhoben: In Rheinland-Pfalz nämlich, wo es in § 24 des Landesgesetzes über den Brandschutz, die Allgemeine Hilfe und den Katastrophenschutz vom 2. 11. 1981 unter anderem heißt:

»In ihrem Beruf tätige Ärzte, Zahnärzte, Tierärzte, Apotheker und Angehörige sonstiger Gesundheitsberufe sowie das ärztliche Hilfspersonal sind im Rahmen der Allgemeinen Hilfe und des Katastrophenschutzes verpflichtet, sich hierzu für die besonderen Anforderungen fortzubilden sowie an angeordneten oder genehmigten Einsätzen, Übungen, Lehrgängen oder sonstigen Ausbildungsveranstaltungen teilzunehmen und den dort ergangenen Weisungen nachzukommen.«

Die Zwangsfortbildung in einer unter dem Deckmantel des Katastrophenschutzes gelehrten Kriegsmedizin soll damit Zug um Zug Wirklichkeit werden.*)

Diesen offenkundigen Militarisierungstendenzen unserer medizinischen Denk- und Handlungsweise, ja unseres gesamten Gesundheitswesens erwuchs jedoch von Anfang an ein bis heute vehement zunehmender Widerstand. Circa 7000 Unterzeichner aus dem Gesundheitswesen und angrenzenden Bereichen haben bis heute einen Appell gegen das geplante Notstandsgesetz im Gesundheitswesen unterschrieben.

Und über 6000 Ärzte haben inzwischen die »Frankfurter Erklärung« unterzeichnet, in der sie in Form einer persönlichen Willenserklärung jegliche kriegsmedizinische Fortbildung verweigern.

Dieser Widerstand richtet sich zum einen gegen die genannten Militarisierungsbestrebungen in der Medizin. Denn wir wissen, daß Entscheidungen über lebenswertes und lebensunwertes Leben in der Geschichte der deutschen Medizin so alt nicht sind. Und wir wissen auch, daß nur die umfassende Militarisierung der gesamten Gesellschaft die Nazi-Diktatur über so viele Jahre ermöglicht und getragen hat – und viele Ärzte marschierten damals zeitig mit. Deshalb wenden sich immer mehr Ärzte mit großer Heftigkeit dagegen, heute wieder die inhumanen Prinzipien der Militärmedizin zu trainieren.

Der andere Aspekt unseres Widerstandes betrifft die ebenfalls bereits geschilderten Auswirkungen eines kriegsmedizinischen Trainings der Ärzte auf die Öffentlichkeit, die dadurch geförderte Kriegsbereitschaft der Bevölkerung. Und weil der Krieg, dem wir damit einen Schritt näher kommen, für uns alle tödlich sein wird, sollten von der gesamten Friedensbewegung alle Formen des zivilen Widerstandes zu seiner Verhinderung ausgeschöpft werden. Und auch wenn den Verweigerern katastrophenmedizinischer Fortbildung von den Standesorganisationen auch weiterhin mit der Aberkennung der Approbation und mit empfindlichen Geldstrafen gedroht wird, sollten wir uns davon nicht einschüchtern lassen.

*) Siehe Seite 74!

Ausblick auf die künftige Entwicklung

Die breite Verweigerungsaktion innerhalb der Ärzteschaft hat die Betreiber der Katastrophenmedizin gegenwärtig in die Defensive gedrängt, Rebentisch und andere betonen jetzt deren zivilen Charakter. Aber dies ist bloß ein taktisches Manöver, denn welche Etiketten man auch immer benutzt, die Prinzipien von Katastrophen- und Kriegsmedizin sind und bleiben die gleichen. Zum anderen ist überhaupt nicht einzusehen, daß ausgerechnet heute angesichts des drohenden Atomkrieges zivile Katastrophenmedizin trainiert wird, wenn katastrophenmedizinische Prinzipien in der Geschichte der Bundesrepublik noch nie zum Tragen gekommen sind und alle zivilen Großunfälle bis dato auch ohne systematisches Triage-Training von unserem Rettungswesen recht gut gemeistert wurden.

Wir sollten uns dabei vor Augen führen, daß alle von den Katastrophenmedizinern immer wieder angeführten denkbaren Fälle – Explosionen in chemischen Fabriken, Absturz eines Jumbo-Jets über einer Großstadt usw. – keineswegs ausreichen, um den Einsatz der geschilderten katastrophenmedizinischen Prinzipien zu rechtfertigen. Denn auch wenn wir es, beispielsweise bei einem Flugzeugabsturz oder beim Bombenattentat auf der Oktoberfestwiese, wirklich mit einem Massenanfall an Verletzten zu tun haben, so wird in Friedenszeiten doch niemand auf die Idee kommen, einen Schwerverletzten nach Triage-Vorschriften liegenzulassen, ihn nicht zu transportieren, ihn nicht zu behandeln. Sondern man wird versuchen, alle Verletzten, so gut es geht, auf die näher und entfernter liegenden Krankenhäuser zu verteilen.

Hierzu ein weiteres Beispiel: Als 1978 auf einem spanischen Camping-Platz bei Tarragona ein Tanklastzug explodierte, kamen 102 Menschen in den Flammen um, 148 erlitten schwere Verletzungen.

Diese Schwerstverletzten wurden von den spanischen Ärzten nicht triagiert – zum Glück, denn sonst hätten nur wenige von ihnen überlebt. In der bereits erwähnten zentralen Dienstvorschrift der Bundeswehr 49/50 heißt es nämlich, daß Verwundete mit Verbrennungen von mehr als 50 % der Körperoberfläche »nur schmerzstillende Mittel« erhalten sollen, eine Forderung, die in die Katastrophenmedizin mit ihren Triage-Ritualen übernommen worden ist – so zählt der Katastrophenmediziner Koslowski im Katastrophenfall Menschen mit »Verbrennungen von mehr als 40 % der Körperoberfläche« zu den »Hoffnungslosen« (Koslowski 1979).

Diese katastrophenmedizinischen Prinzipien taugen also überhaupt nicht für zivile Großunfälle wie Autobahnkarambolagen usw., für die sie immer wieder angepriesen werden. Sie kommen erst dann zum Einsatz, wenn neben einem Massenanfall von Verletzten auch beträchtliche Teile der westdeutschen Infrastruktur einschließlich des Gesundheitswesens bereits zusammengebrochen sind. Und da es keinen Anlaß gibt, in der Bundesrepublik mit Erdbeben oder Vulkanausbrüchen zu rechnen, ist *die* Situation, die zu einem solchen Zusammenbruch großer Teile der Infrastruktur führen wird, heute nur der drohende Krieg in Mitteleuropa. »Zivile« Katastrophenmedizin ist also nichts als ein Täuschungsmanöver, dem wir nicht aufsitzen sollten; sie taugt nur als Tarnkappe, unter der Kriegsmedizin geübt werden soll.

Der Atomkrieg ist etwas ganz anderes als ein ziviler Großunfall. Es gibt keinen gleitenden Übergang zwischen allen möglichen Unfällen in Friedenszeiten und dem von der Bombe angerichteten Schaden; es gibt auch keine Grauzone zwischen Notfall- und Unfallmedizin auf der einen und der Katastrophen- und Kriegsmedizin auf der anderen Seite, obwohl die Katastrophenmediziner das immer wieder zu suggerieren versuchen. So erschien im »Deutschen Ärzteblatt« am 19. 11. 1981 ein von zwei Oberstabsärzten der Bundeswehr verfaßter Artikel »Chirurgie im Katastrophenfall«, in dem es u. a. heißt:

»Die Bedeutung der Katastrophe, also eines Ereignisses, das die primären Hilfsmittel schnell erschöpft, wird aus Zahlen deutlich: Während bei Massenkarambolagen und beim Eisenbahnunglück durchschnittlich 20 bis 100 Menschen verletzt werden, steigt die Zahl beim Flugzeugabsturz auf bewohntes Gebiet auf 200 bis 300. Schwieriger ist es, die vermutete Zahl der Verwundeten im Verteidigungsfall anzugeben . . .«

Für die nächste Zeit erwarte ich, daß sich die derzeit etwas vorsichtigere Tonart der Katastrophenmediziner bald wieder ändern wird. Denn nach einem wahrscheinlichen Scheitern der

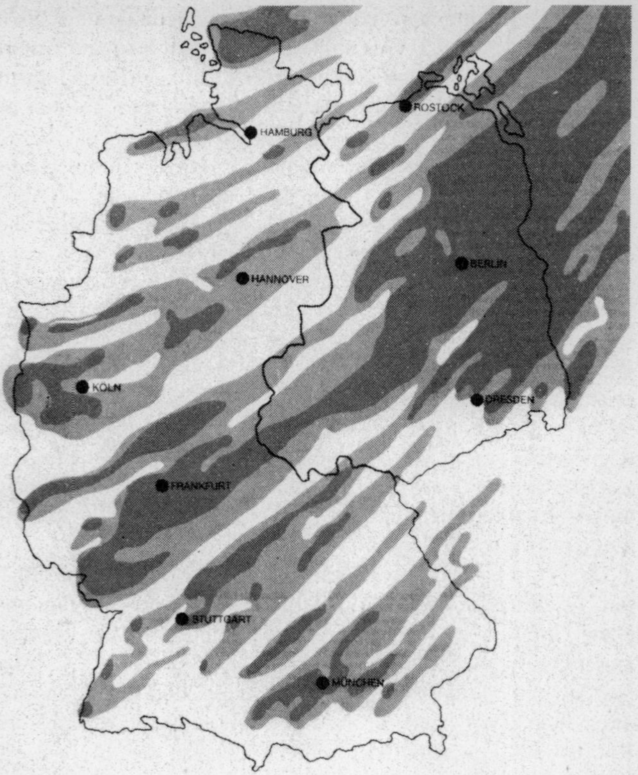

Die Explosion einer A-Bombe von 200 Kt Zerstörungskraft, die beim Aufschlag auf die Erde gezündet wird, läßt ein charakteristisches Muster radioaktiven Niederschlags entstehen. Boden und Gesteine werden bei der Explosion pulverisiert oder verdampft, mischen sich mit den radioaktiven Spaltprodukten der Kernreaktion und werden vom Wind mitgeführt. Die Karte zeigt die Gebiete, auf denen sich radioaktiver Niederschlag ablagert, wenn die 171 rein militärischen Ziele in BRD und DDR bei einem Präventivangriff durch Atomwaffen mit 200 Kt Zerstörungskraft ausgeschaltet werden. Angriffstag ist ein typischer Junitag. Bei schönem Wetter weht bis auf 10 000 m Höhe Südwestwind mit konstanter Geschwindigkeit von 50 km/h. Veränderungen der Windrichtung durch Berge sind nicht berücksichtigt. Die starke Farbe zeigt Gebiete, in denen mehr als 600 Rad Strahlung auftritt, die schwächere Gebiete zwischen 200 und 600 Rad. Dosen über 200 Rad können zum Tode führen, wer mehr als 600 Rad abbekommt, wird zwei Monate kaum überleben. Die starke Strahlung hält zwei bis vier Wochen an. Wer sich so lange im Keller aufhält, bekommt nur rund 10 % der Dosis ab.

Genfer Verhandlungen, nach der Verabschiedung eines Notstandsgesetzes für das Gesundheitswesen wird man unter ständigem Hinweis auf die Bedrohung durch die sowjetische SS 20 meines Erachtens ganz unverblümt Kriegsvorbereitungen in allen gesellschaftlichen Bereichen verlangen und dann wahrscheinlich auch wieder ganz offen von Kriegsmedizin und von kriegsmedizinischer Vorbereitung als ethischer, humaner Verpflichtung der Ärzte sprechen. Diese Rechnung ist allerdings noch ohne uns, ohne die Friedensbewegung gemacht.

Wozu die Medizin im Atomkrieg herhalten soll

Doch noch einmal zurück zu den Vorstellungen der »war fighter« in den USA und zu ihren Kriegführungsstrategien. Auf was für einen Krieg haben wir uns hier in Mitteleuropa eigentlich einzustellen und mit welchen medizinischen Konsequenzen haben wir zu rechnen? Ein konventioneller Angriff der Sowjets auf Westdeutschland, so oft er auch beschworen wird, ist so ziemlich die unwahrscheinlichste Möglichkeit, das muß auch ohne sonderliche Sympathie für die Machtpolitik der UdSSR konstatiert werden und das wissen auch die Herren im Pentagon. Denn Westdeutschland wäre, wenn überhaupt, nur um den Preis der totalen Zerstörung und totalen atomaren Verseuchung zu erobern, gewiß kein lohnendes Kriegsziel. Eine britische Studie hat errechnet, daß Mitteleuropa noch immer unbewohnbar wäre, hätten im Zweiten Weltkrieg schon die heutigen Atomkraftwerke in der Landschaft gestanden.

Im übrigen scheinen die Russen mit sich selbst und den von ihnen unterdrückten Staaten und Völkern Schwierigkeiten genug zu haben.

Der Krieg, der für die nächsten Jahre droht, wird mit großer Wahrscheinlichkeit anderen Ursprungs sein. Nach Stationierung der neuen Mittelstreckenraketen droht uns hier in der Bundesrepublik bei jeder größeren Weltkrise, bei jedem krisenhaften Aufeinanderprallen der Supermächte an jedem beliebigen Punkt der Erde die atomare Vernichtung. Denn die Logik der Kriegführungsstrategien besteht ja darin, die atomare Drohung bzw. den Atomkrieg auf eskalierender Stufenleiter

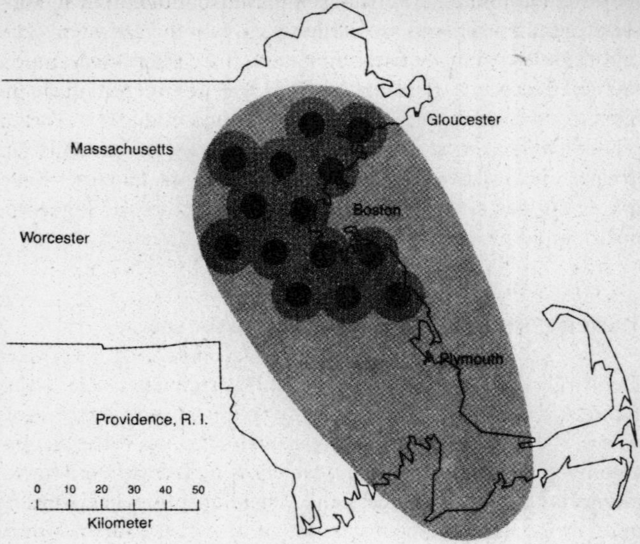

Die Folgen eines Angriffs mit Atombomben auf die Stadt Boston und ihre Umgebung. Eine Rakete mit 14 Atomsprengköpfen würde im Einzugsbereich der Stadt, in dem drei Millionen Menschen leben, 1,2 Millionen Tote und Schwerverletzte fordern. Die Kreise zeigen die Zielgebiete der Bomben, von denen jede dreimal so stark ist wie die Hiroshima-Bombe. In den dunklen Kreisen (3,6 Kilometer Radius) stirbt jeder zweite Mensch, in den helleren Kreisen (7,6 Kilometer Radius) wird jeder fünfte ein Opfer der Bombe. Die radioaktive Wolke (graue Fläche) wird vom Wind in südöstlicher Richtung abgetrieben und läßt weitere 100 000 Menschen an Spätfolgen sterben. Bombenexplosionen im Hafen würden riesige Flutwellen radioaktiven Wassers über die Stadt schwemmen.

zu einem Mittel der machtpolitischen Konfrontation zu machen. So ist zum Beispiel eine Nahostkrise denkbar, in die beide Supermächte militärisch direkt oder indirekt verwickelt werden. Falls ein Sieg an dieser Front unmöglich erscheint, sehen die Pläne der »war fighter« des Pentagons vor, atomar zu eskalieren, um dem Gegner den eigenen Willen aufzuzwingen.

Eskalationsstufe 1: Die atomare Drohgebärde, die nach Stationierung der neuen Mittelstreckenraketen bei uns darin bestehen könnte, die Pershings und Marschflugkörper in Süd- und Westdeutschland in Stellung zu fahren. Da somit die militärischen und politischen Nervenzentren der Sowjetunion akut bedroht sind, könnte diese dazu verleitet werden, in einem umfassenden Präventivschlag diese sie bedrohenden Raketen und damit ganz Mitteleuropa atomar zu zerstören. Was die Folgen davon wären, ist in diesem Buch an anderer Stelle ausführlich beschrieben worden – kurz: Die Überlebenden würden die Toten beneiden.

Aber vielleicht behalten die Politiker der Sowjetunion ja auch dann die Nerven, wenn sie so schwer bedroht sind, geben aber an der Nahost-Front nicht nach. Es folgt:

Eskalationsstufe 2: Der Abschuß von ein, zwei oder drei Pershing II auf bevölkerungsarme militärische Ziele tief in der Sowjetunion, um mit der so demonstrierten Entschlossenheit, Atombomben tatsächlich einzusetzen und die atomare Stufenleiter wirklich hinaufzusteigen, den Sowjetpolitikern in Nahost den eigenen Willen zu diktieren. Möglicherweise geben diese jetzt nach, aber genausogut ist möglich, daß sie jetzt mit dem Abschuß von ein, zwei oder drei atomaren Sprengsätzen auf militärische Ziele in Westdeutschland reagieren. Um nun von US-Seite weiter glaubwürdig eskalieren zu können, um auch in dieser Situation die Atombombe weiterhin als politisches Machtinstrument gebrauchen zu können, ohne daß das westliche Bündnis zerfällt und sich Westeuropa von den USA löst, ist es aus der Sicht der »war fighting«-Strategen dringend nötig, daß die Bundesrepublik ein, zwei oder drei Atombombenexplosionen medizinisch beherrscht und vor allem die Lage ordnungspolizeilich im Griff behält. Aus dieser Sicht erklärt sich ganz konkret das Interesse der Militärs, im Stationierungsland BRD ein Notstandsgesetz für das Gesundheitswesen zu schaffen und jeden Arzt zum kriegsmedizinischen Training zu verpflichten.

Das unvorstellbare Grauen einer einzigen, über dem dichtbesiedelten Westdeutschland explodierenden Atombombe ist bekannt und in diesem Buch bereits im ersten Abschnitt beschrieben worden. Zwei oder drei Atombomben, sofern sie nicht gerade auf Atomkraftwerken aufschlagen, werden noch nicht zur vollständigen Zerstörung der Bundesrepublik

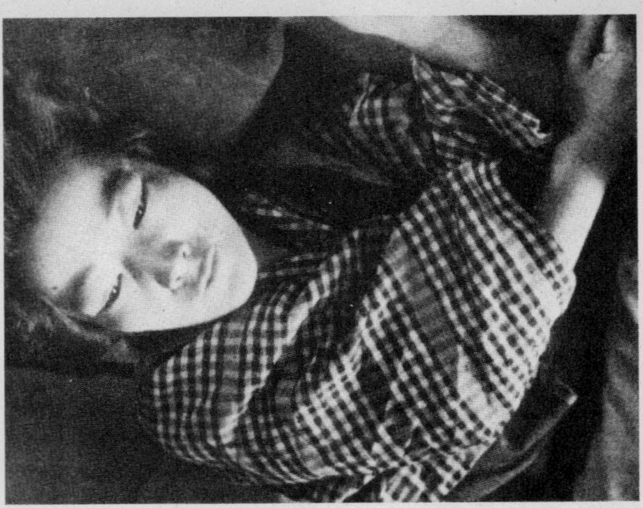

Yone-san, 31 J., scheint nach außen hin unverletzt zu sein und war bisher in der Lage, für ihre Tochter zu sorgen. Aber nach etwa 1 Monat beginnt sie sich schlecht zu fühlen. Sie wird am 18. Sept. im Krankenhaus aufgenommen, schwer krank, mit roten Flecken am ganzen Körper, verursacht durch Hautblutungen. Das Haar fällt aus, die Schleimhäute bluten und häufiges Husten behindert die Atmung. Kurz darauf stirbt sie. Foto am 11. Okt. 1945 auf der Ohshiba Krankenstation.

führen, es kann dann die von den Standesvertretern und Katastrophenmedizinern so inständig beschworenen Randzonen geben.

Aber was sollen Mediziner in solchen Randzonen tun? Wozu sind sie dort nütze? Im unbeschreiblichen Elend einer solchen Zone wird Panik herrschen und Bürgerkrieg drohen – von den sonstigen Folgen ganz abgesehen. Dementsprechend soll die ärztliche Autorität dazu benutzt werden, mit weißem Kittel und neuroleptischer Gewalt für Ruhe und Ordnung zu sorgen. Von medizinischer Hilfe wird in einer solchen Randzone angesichts der verletzten, strahlenverseuchten Menschenmassen, angesichts des Zusammenbruches jeglicher Infrastruktur nicht die Rede sein können. Die letzte ärztliche Aufgabe heißt dann: Triage – Herausselektieren der Schwerverletzten und vor allem der vermeintlich schwer Strahlenverseuchten, um diese zu isolieren, als Infektionsquelle auszuschalten und ihrem Sterben zu überlassen. Als schwer Strahlenkranke gelten ja nach der herrschenden Triage-Vorschrift im Atomkrieg alle Personen, die vegetativ heftig reagieren, mit Durchfall, Erbrechen, geröteten Wangen und Erschöpfung – sei dies alles nun Symptom einer tatsächlichen Strahlenkrankheit oder schlicht eine Reaktion auf das Kriegselend.

All diese Personen werden durch ärztliche Triage-Entscheidung in Isolationscamps zusammengefaßt, in Großbritannien ist von ärztlicher Seite überlegt worden, ob man ihrem Siechtum durch vorzeitige Liquidierung – es wurde an Erschießen oder Vergiften gedacht – zuvorkommen solle. Die Aufgaben, zu denen Ärzte in einer solchen Randzone verwendet werden sollen, sind also nicht medizinische Hilfeleistung, sondern das Handeln als entmenschlichte Ordnungspolizei. Für eine Medizin im herkömmlichen Sinne, als Krankenhilfe, läßt der Atomkrieg keinen Raum. Die Tätigkeit einer ärztlichen Ordnungspolizei in einer solchen Randzone jedoch könnte, bei erfolgreichem Funktionieren, eine wichtige Voraussetzung dafür schaffen, daß der atomare Eskalationsprozeß der beiden Supermächte weiter fortschreiten kann, denkbar bis zur vollständigen Zerstörung Europas oder auch der ganzen Welt.

Katastrophenmedizin in der Bundesrepublik ist ein kleines, jedoch nicht unwichtiges Rädchen in der Machtpolitik der USA. Um die Atombombe als politisches Machtmittel tatsächlich einsetzen zu können, sei es bei einer Krise in Nahost, Mittelamerika, Südostasien oder wo auch immer, erscheint den Strategen in Washington eine umfassende Militarisierung unseres Gesundheitswesens und eine Aufwertung des »Zivilschutzes« dringend erforderlich.

Die Antwort der Mediziner auf die Atomkriegsgefahr kann nur darin bestehen, vorbeugend tätig zu werden, also mit allen Mitteln für die Verhinderung des Krieges einzutreten. Katastrophenmedizin zu betreiben ist jedoch Kriegsvorbereitung, das genaue Gegenteil von Vorbeugung. Eine vorbeugende Haltung dem Atomkrieg gegenüber verpflichtet zum Widerstand gegen die Katastrophenmedizin, zu ihrer Verhinderung, zur persönlichen Verweigerung. Eine solche Haltung verpflichtet zugleich zur schonungslosen Aufklärung der Bevölkerung über die Folgen jeglicher kriegerischen Auseinandersetzung in Mitteleuropa; sie verpflichtet zum persönlichen Einsatz gegen jede weitere Aufrüstung, für eine umfassende Abrüstung, für den Abbau der in uns eingepflanzten Feindbilder und für die doch wohl menschenmögliche Aussöhnung und Verständigung mit unseren östlichen Nachbarn.

*) Anmerkung des Herausgebers (1987):
Das Gesundheitssicherstellungsgesetz und das Gesundheitsschutzgesetz sind mittlerweile in den Schubladen verschwunden und durch einen Referentenentwurf zur Neufassung des Zivilschutzes ersetzt worden, den das Bundesministerium des Inneren 1984 vorgelegt hat. Es steht zu erwarten, daß ein ähnlicher Gesetzentwurf in den 1987 gewählten 11. Deutschen Bundestag eingebracht werden wird. Vgl. hierzu: T. Bastian, Bunker und Valium, München 1986

Horst-Eberhard Richter
Zum Streit über die ärztliche Verantwortung unter der Atomkriegsdrohung

Auf dem offiziellen Briefkopf der IPPNW steht als Motto die berühmte Forderung von Albert Einstein: »Wir brauchen eine wesentlich neue Art zu denken, wenn die Menschheit am Leben bleiben soll.« Mit dem Umdenken hat Einstein einen tiefgreifenden Einstellungswandel gemeint. Entsprechend lautet seine Forderung: »Die Menschen müssen ihre Haltung gegeneinander und ihre Auffassung von der Zukunft grundlegend ändern.«

Nun wissen wir Mediziner aber sehr genau, daß menschliches Verhalten nur in *den* Grenzen modifizierbar ist, die durch unsere Anlage bestimmt sind. Sind wir überhaupt fähig, die von Einstein verlangte fundamental neue Einstellung zu entwikkeln? Wie ernst meinen wir es mit dem großartigen Motto? Gelegentlich verneigt man sich ehrfurchtsvoll vor gewissen hohen ethischen Forderungen und hält sie doch gleichzeitig insgeheim für unerfüllbar. Sich von Zeit zu Zeit in der Phantasie mit dem Ideal einer höheren Menschlichkeit zu identifizieren tut jedem wohl. Wenigstens einen Augenblick daran zu glauben, daß wir vielleicht doch besser werden könnten, als wir sind, stärkt unsere Selbstachtung. Mir scheint, daß die zur Zeit gehäufte Benutzung der berühmten Einstein-Formel von vielen nur in dieser psychohygienischen Funktion verstanden wird: Schön wäre es ja, wären wir mit einer friedfertigeren Naturanlage ausgestattet, die uns jene von dem großen Physiker gepredigte Haltung unschwer ermöglichen würde.

Aber müssen wir andererseits denen überhaupt Glauben schenken, die uns lehren, daß wir biologisch auf gewaltsames Verhalten festgelegt seien? Ohne Zweifel verfügt jeder von uns über eine aggressive Triebkomponente. Aber ebenso unbestreitbar kann der Mensch im Gegensatz zum Tier seine aggressiven Impulse in sozial unschädliche Bahnen lenken.

Noch kein Historiker der Welt hat jemals einen unmittelbaren Kausalzusammenhang zwischen aggressiven Instinkten und der Anzettelung von Kriegen gefunden. Unter den Sozialpsychologen hat sich einer mehr als alle anderen mit den sozialen Auswirkungen menschlicher Aggressivität beschäftigt, das war Erich Fromm in seinem bedeutenden Buch über »Die Anatomie der menschlichen Destruktivität«. Seine Schlußfolgerung lautet:

»Die These, daß der Krieg durch eine angeborene menschliche Destruktivität verursacht werde, ist einfach absurd für jemand, der auch nur die geringsten geschichtlichen Kenntnisse besitzt.«

Eine andere Meinung hat freilich Karl-Alfred Odin jüngst in der Frankfurter Allgemeinen Zeitung verkündet: Der Kirche sei es nicht erlaubt, »sich über das Urteil des Neuen Testaments hinwegzusetzen, daß das Friedensgebot an der Natur des Menschen immer scheitert«. Ich weiß nicht, wo das Neue Testament die natürliche Unfriedlichkeit des Menschen festgeschrieben haben sollte – übrigens ein Argument von Odin gegen die Verwerfung der Abschreckungspolitik durch den Reformierten Bund.

Wir Ärzte gehen jedenfalls offensichtlich seit je davon aus, daß unsere Berufsgruppe keinem natürlichen Zwang zu destruktiven Verhaltensweisen unterliege. Denn wie sonst könnten wir den hippokratischen Eid als eine uns praktisch verpflichtende Norm ansehen? Wie könnten wir daran glauben, unseren Mitmenschen keinen Schaden zufügen zu müssen, wenn dies eine anlagewidrige Zumutung wäre? Wir verfügen doch nicht etwa über eine menschenfreundlichere Triebkonstitution als die Angehörigen anderer Berufe.

Wenn wir aber mit Recht davon ausgehen können, daß die hippokratischen Forderungen realistisch und jederzeit erfüllbar sind, dann ist nicht einzusehen, warum man sich nicht für eine allgemeine Ausweitung ihres Geltungsbereichs einsetzt. 1972 hat der Philosoph Günter Anders genau diesen Gedanken formuliert:

»Es ist unerträglich und unentschuldbar, daß sich nur Mediziner (eben durch den hippokratischen Eid) dazu verpflichten, denen, die sie behandeln, keinen Schaden zuzufügen. Daß man dagegen von den Millionen in anderen Berufen Tätigen: von den Naturwissenschaftlern, den Ingenieuren und den Legionen von Industriearbeitern, von deren Tun und Lassen das Geschick der Menschheit ebenfalls abhängt, nicht verlangt, und daß diese es nicht von sich selbst verlangen, sich durch eine dem hippokratischen Eide entsprechende Verpflichtung ebenfalls zu binden.« Weiter sagt Günter Anders: »Moral ist unteilbar. Eine ›Moral‹, die sich als Monopol einer kleinen Sondergruppe oder als Alleinpflicht innerhalb der Grenzen eines speziellen beruflichen Kompetenzbereiches verwirklicht; deren Anspruch außerhalb dieser Grenzen als unzuständig gilt; die also selbst bereits der Arbeitsteilung zum Opfer gefallen ist, die trägt ihren Namen zu Unrecht. Und dieser Name ist nur noch ein Pseudonym für Unmoral als Institution.«

Tatsächlich leben wir aber längst in einer nicht nur arbeitsteiligen, sondern auch gewissermaßen *moralteiligen* Gesellschaft. Für die einen ist es selbstverständlich, daß ihr ganzes Wirken auf soziales Helfen ausgerichtet ist. Andere Gruppen akzeptieren mit ähnlicher Selbstverständlichkeit, daß sie z. B. Politik als reines Geschäft der Macht betreiben oder daß sie sich theoretisch oder praktisch mit der Erfindung oder Produktion von Sachen beschäftigen, die ausschließlich der Vernichtung von Menschen dienen. Nach Joseph Weizenbaum sind fast 60 Prozent aller Wissenschaftler auf der Welt direkt oder indirekt an der Vernichtungsforschung beteiligt. Deshalb hat unlängst Walter Jens eine Art von hippokratischem Eid für Wissenschaftler vorgeschlagen: »Ich schwöre, daß ich mich weder direkt noch indirekt mit meiner Forschung an der Kriegsvorbereitung beteiligen werde.«

Freilich wird niemand verkennen, daß es großer Anstrengungen bedürfen wird, um den Forderungen von Günter Anders und Walter Jens jemals entschieden Geltung zu verschaffen. Für uns Ärzte stellt sich die Frage, wie wir eine solche Entwicklung unterstützen können. Aus der Beantwortung ergeben sich prinzipiell Folgerungen für das weitere strategische Verhalten der Ärztebewegung.

Manche von uns sind stolz darauf, daß wenigstens wir Ärzte schon eine halbwegs institutionalisierte blockübergreifende Bewegung auf die Beine gebracht haben. Ist es nicht großartig, daß Ärzte aus zahlreichen östlichen und westlichen Nationen gemeinsam Freeze-Aufrufe an die Regierungen in Washington und Moskau sowie an den UN-Generalsekretär richten? Bedeutet es nicht schon einen wesentlichen Fortschritt in humanitärer Richtung, wenn wir jenseits und diesseits der Eisernen Grenze die Menschen in gleicher Weise vor den Schrecken eines Atomkrieges warnen? Schaffen wir nicht schon damit automatisch ein besseres Klima in Richtung des hippokratischen Denkens? Ist es nicht befriedigend, daß wir in den Medien einige Beachtung finden und daß selbst manche Politiker uns zur Kenntnis nehmen? Und sind wir nicht damit schon bald an der Grenze dessen, was uns in unserem Stand zu tun möglich ist?

Ich zweifle indessen sehr, ob wir auf diese Weise schon genug täten. Denn mit dieser Art der Wirksamkeit verblieben wir immer noch im Rahmen der zuvor so benannten »moralteiligen« Gesellschaft. Das große Publikum nimmt es noch als normal hin, wenn Kirchenleute, Schriftsteller und nun auch Ärzte Ach und Weh über die Atomrüstung klagen. Das sind herausgehobene Gruppen, an welche die Gesellschaft traditionellerweise Gewissensaspekte abgetreten hat. Natürlich gehört es sich, daß der Papst den Rüstungswahnsinn anprangert, daß die introvertierten Schriftsteller eine Friedens-Utopie besingen und daß die Ärzte das Publikum an die furchtbare medizinische Überforderung erinnern, die ein Atomkrieg bedeuten würde.

Solange Seelsorger, Schriftsteller und Mediziner sich auf verbales Mahnen beschränken, findet man ihr Auftreten ganz in Ordnung, ja paradoxerweise zum Teil sogar tröstlich. Ist es doch gut zu wissen, daß es in der Gesellschaft noch solche edlen Gruppen gibt, die stellvertretend für alle übrigen wenigstens *verbal* humanitäre Werte beschwören, mit denen jedermann sich in der Phantasie identifizieren möchte. Abertausenden erleichtert es das Herz, wenn sie gelegentlich bei Veranstaltungen Friedenspredigten, -liedern, -gedichten oder engagierten Vorträgen lauschen können und sich zugleich eins mit vielen anderen Zuhörern wissen, die neben ihnen eine ähnliche emotionale Entlastung erleben. Dann gehen die Leute nach Haus, irgendwie von der magischen Hoffnung erfüllt, daß mit ihnen selbst oder gar draußen mit der Politik etwas Bedeutendes geschehen sei. Eines Tages bemerken sie dann resignierend ihre Illusion.

Mit anderen Worten: Die sozialen Gruppen, denen gewissermaßen humanitäre Normen als Monopol zugeteilt worden sind, müssen aus ihrer Rollenisolierung heraustreten. Wir Ärzte können nur dann erwarten, daß hippokratische Prinzipien zur Friedenserhaltung wirksam werden, wenn wir uns mit diesen Prinzipien unmittelbar auf Konflikte mit der Machtperspektive einlassen, der die Politik weitgehend folgt.

Wiederum möchte ich ein weises Einstein-Wort zitieren: »Bloßes Lob des Friedens ist einfach, aber wirkungslos. Was wir brauchen, ist aktive Teilnahme am Kampf gegen den Krieg und alles was zum Kriege führt.« Gemeint hat er einen gewaltlosen Kampf, aber immerhin Kampf. Es geht darum, unsere unmittelbare politische Mitverantwortung in der Weise sichtbar zu machen, daß wir die künstlich getrennten Rollen als Mediziner und als politische Bürger vereinen und damit auch die Menschen in unserer Umgebung dazu anregen, gegenüber den allgemeinen Grundfragen ein ganzheitliches Denken und verantwortliches Handeln zu entwickeln.

Es gilt zustande zu bringen, was Joseph Weizenbaum so formuliert hat: »Zumindest muß jedes Individuum so handeln, als ob die gesamte Zukunft der Welt, der Menschheit selbst, von ihm abhinge. Alles andere ist ein Ausweichen vor der Verantwortung und selbst wieder eine enthumanisierende Kraft, denn alles andere bestärkt den einzelnen nur in seiner Vorstellung, lediglich eine Figur in einem Drama zu sein, das anonyme Mächte geschrieben haben, und sich als weniger als eine ganze Person anzusehen, und das ist der Anfang von Passivität und Ziellosigkeit.«

Eine solche ganzheitliche Verantwortung wahrzunehmen verlangt von uns Ärzten jedenfalls, daß wir unseren Beitrag zum Kampf für den Frieden primär danach bestimmen, was er für eine politische Wirkung hat, und nicht danach, ob unser Verhalten traditionellen standesüblichen Verhaltensmustern gemäß ist.

Ich behaupte, wir dürfen uns nicht damit begnügen, über die medizinischen Aspekte der Atomkriegsgefahr ähnlich aufzuklären, wie wir der Öffentlichkeit z. B. den Zusammenhang zwischen Zigarettenrauchen und Bronchialkrebs verdeutlichen. Wir haben zu unterstellen, daß die politisch Verantwortlichen längst genauso gut wie wir Ärzte wissen, was ein Nuklearkrieg an Elend anrichten würde. Auch die Passivität großer Teile der Öffentlichkeit beruht ja nicht primär auf einem Fehlen, sondern nur auf einem Verdrängen der einschlägigen Informationen. Wir sollten uns also darüber klar sein, daß medizinische Aufklärungsveranstaltungen *allein* nur eine sehr begrenzte Wirkung auf die Zuhörer haben können. Diese Wirkung wird leicht überschätzt von denen, die solche Veranstaltungen organisieren und dabei auch persönlich auftreten. Ihr Machen kann ihnen u. U. selbst eine innere Stärkung vermitteln. Und sie verwechseln dann ihren persönlichen Selbsthilfe-Effekt mit den Wirkungen auf das eingeladene Publikum.

Ich will damit die medizinische Aufklärungsarbeit, die ich auch selbst oft betreibe, nicht entwerten. Ich will nur sagen, sie genügt nicht. Erfahrungsgemäß wird das *Feindbild-Denken,* auf dem die rüstungsfördernde Abschreckungsphilosophie basiert, auch durch noch so radikale medizinische Aufklärung nicht verändert. Laut Resolution unserer IPPNW-Sektion haben wir uns aber vorgenommen, gerade den Abbau von Feindbildern und eine gegenseitige Vertrauensbildung zwischen den Völkern in Ost und West fördern zu wollen. Wir haben ausdrücklich erklärt, daß dies ein wesentlicher von den Medizinern zu leistender Präventionsbeitrag sei. Als einen ersten Schritt in dieser Richtung könnte man es nun bewerten, daß sich in der IPPNW Ärzte aus Ost und West zusammengefunden haben und gemeinsam tagen, gemeinsame Erklärungen und Appelle verfassen.

Aber wir dürfen uns dabei nicht wie gesellschaftliche Delegierte fühlen, die stellvertretend für die übrige Bevölkerung und für die Politiker etwas tun, was diese selbst machen müssen. Damit komme ich auf die Forderung zurück, daß wir unser traditionelles abgehobenes Rollenverhalten ändern und uns politisch einmischen müssen. Wir müssen darauf bestehen, daß partnerschaftliche Kooperation über die Systemgrenzen hinweg sich nicht auf den Sektor humanitärer Berufe beschränken darf, sondern vielmehr unbedingt in der *politischen* Friedenssicherung wirksam werden muß.

Ich habe es als Teilnehmer des letzten Krieges – zuletzt in militärärztlicher Funktion – nie begriffen, warum z. B. Soldaten erst verwundet auf dem Schlachtfeld liegen müssen, um nun endlich beanspruchen zu dürfen, von den Sanitätsdiensten der einen oder anderen Seite einfach als hilfsbedürftige Mitmenschen versorgt zu werden. Warum raffen wir Ärzte uns zumal unter der modernen Atomkriegsdrohung nicht endlich dazu auf, zu verlangen, daß dieses mitmenschliche Denken schon jetzt von uns allen und erst recht von den Politikern eingeübt wird? Schließlich sind wir alle in einem völlig neuen Sinne Morituri, hüben wie drüben als millionenfache Opfer für einen Fall verplant, den man mit Orwellscher Sprachverdrehung als Verteidigungsfall bezeichnet. Was ist das für eine Verteidigung, bei der diejenigen das, was sie verteidigen sollen, nachher nicht mehr erleben können!

Warum erheben wir nicht scharfen Protest, wenn Reagan und Weinberger bereits die bloßen Worte Entspannung und Sicherheitspartnerschaft auszutilgen versuchen? Warum plädieren wir nicht umgekehrt für einen intensiven Ausbau aller blockübergreifenden Verflechtungen, welche in den Völkern das Bewußtsein der Zusammengehörigkeit und des wechselseitigen Aufeinander-angewiesen-Seins stärken können?

Unter allen Formen der politischen Einmischung ist das entschlossene Eintreten für eine *geistige* oder *psychische* Abrüstung für uns Ärzte eine sehr naheliegende. Denn damit werben wir ja nur für ein Denksystem, in dem wir ohnehin berufsspezifisch erzogen sind und das wir nun indessen im Einsteinschen Sinne als notwendige Norm zur Friedenssicherung erkennen.

Es hat mich kürzlich bei friedenspolitischen Gesprächen in Moskau, an denen ich teilnehmen konnte, sehr beeindruckt, daß selbst üblicherweise materialistisch denkende russische Politiker neuerdings den *psychologischen* Motiven in der Ost-West-Politik eine hohe Bedeutung zuerkennen. So sprach Valentin Falin z. B. ausdrücklich von der entscheidenden Rolle der »psychologischen Infrastruktur« für die Bewahrung des Friedens. Auch Arbatow und andere Russen redeten wiederholt geradezu beschwörend von einem »guten Willen« bzw. von einem »gewandelten Denken« als notwendigen Bedingungen zum Abbau der gefährlichen Konfrontationspolitik. Genau in diesem Sinne hat ja auch kürzlich der französische Nobelpreisträger Alfred Kastler im Fernsehen gesagt: Ohne psychische Abrüstung werde keine Abmachung über irgendwelche Waffenreduzierungen etwas nützen. Man werde sonst anstelle der vertragsgemäß verschrotteten Waffen sofort wieder andere bauen, und der wahnsinnige Rüstungswettlauf werde sich fortsetzen. Mit anderen Worten: Mehr Vertrauen zueinander wird uns nicht erst sekundär als Produkt sogenannter vertrauensbildender politischer oder rüstungstechnischer Maßnahmen in den Schoß fallen. Vielmehr müssen wir schon primär um eine Stärkung von Vertrauen ringen, um entsprechende friedensfördernde materielle Maßnahmen erst möglich zu machen und fortzusetzen. Wiederum zitiere ich Einstein:

»Eine wirkliche Lösung des Sicherheitsproblems setzt ein gewisses gegenseitiges Vertrauen der Parteien *voraus,* das nicht durch mechanisierte Maßregeln irgendwelcher Art ersetzt werden kann.«

Entsprechend sollen wir Ärzte mutiger und deutlicher als bisher jene Verteufelungs- und Verhetzungspropaganda bekämpfen, die gezielt Mißtrauen sät und verschärft, um uns die Stapelung immer neuer horrender Vernichtungswaffen auf unserem Territorium plausibel zu machen.

Gewiß ist es erfreulich, daß die IPPNW-Ärzte sich in Cambridge und kürzlich erneut in Den Haag darauf geeinigt haben, die Forderung der amerikanischen Freeze-Bewegung offiziell zu unterstützen. Bau, Testung und Aufstellung aller Nuklearwaffen und ihrer Trägersysteme sollen als erster Schritt zur Einleitung eines Rüstungsabbaus sofort eingestellt werden. Entsprechende Briefe an die UNO-Abrüstungskonferenz bzw. an die Staatsführer in Moskau und Washington sind geschrieben worden. An dieser Initiative ist wohl zunächst wichtig, daß Ärzte damit überhaupt eine konkrete politische Forderung erheben. Das ist eine Grundsatzentscheidung, die uns, recht besehen, zu weiteren Konsequenzen nötigt. Implizit steckt natürlich in ihr zugleich ein klares Nein zur Aufstellung neuer NATO-Mittelstrecken-Raketen in Europa. Dieses Nein nachdrücklich zu bekunden ist nichts anderes als eine Übersetzung der IPPNW-Forderung für unsere hiesige konkrete Situation.

Nicht minder wichtig erscheint mir indessen eine andere Konsequenz aus der Grundsatzentscheidung von Cambridge und Den Haag. Wenn man sich schon vornimmt, unmittelbar politischen Druck auszuüben, dann ist es für die *Form* der Intervention entscheidend, wie man am ehesten zu dem politischen Resultat gelangen kann, das man für notwendig hält. Ist aber die Form artiger brieflicher Ratschläge an Regierungen, Delegiertenkonferenzen und Parteien schon effektiv genug, um den Rüstungswahnsinn zu stoppen? Türmen sich nicht in den politischen Machtzentren längst wohlmeinende Appelle und Manifeste gesellschaftlicher Gruppen zu Hunderten und Tausenden? Warum tun wir so, als wüßten wir nicht, daß man dort oben solche Mahn- und Bittschriften weithin nur als ehrenwerte Pflichtübungen oder allenfalls als verständliche Gefühlsentladungen relativiert? Viele von uns möchten gern überschätzen, was wir mit unseren IPPNW-Briefen erreichen können. Ärzte sehen sich nun einmal traditionellerweise politisch am ehesten als botmäßige Partner der jeweiligen Machtelite. Den politischen Führern diskret oder im äußersten Fall sogar öffentlich bestimmte politische Maßnahmen ans Herz zu legen, erscheint in der Not gerade noch schicklich.

Aber die Stunde ist gekommen, daß wir die Schicklichkeit der politischen *Zweckmäßigkeit* opfern müssen, denn diese fällt in der jetzigen Bedrohungssituation mit unserer höchsten ärztlich-ethischen Pflicht zusammen.

Nicht nur die hellsichtigsten Friedensforscher, auch immer mehr Politiker bekennen, daß der nukleare Rüstungswettlauf nur noch zu stoppen sein wird, wenn von der Bevölkerung stärkerer Widerstand ausgeht, der die Politiker zur Abrüstung zwingt. Ist das richtig, wofür alle Anhaltspunkte sprechen, so müssen wir als Ärzte unsere Interventionen vorrangig dort ansetzen, von wo die entscheidenden Widerstandsenergien ausgehen müssen. Kurz: Wir müssen mehr als bisher an die *Basis* gehen und die Kräfte der *Friedensbewegung* unterstützen. Jedenfalls gilt es, unser Verhältnis zur Friedensbewegung klarer und eindeutiger zu bestimmen.

Zur Definition von Friedensbewegung möchte ich nebenbei

einflechten, daß wir diese nicht verwechseln sollten mit einigen tragenden Gruppierungen, die bei bestimmten Veranstaltungen organisatorisch in den Vordergrund treten. Friedensbewegung ist eine internationale, über die Blockgrenzen hinauswachsende Strömung, die Millionen von Menschen dazu bringt, in unzähligen kleineren und größeren Initiativen Seite an Seite für den Frieden zu arbeiten. Es ist kein Sammelverband, der irgendwo als eine neben vielen anderen Vereinigungen oder Parteien einzuordnen wäre. Eine kleine friedenspolitische Bürgerinitiative von 20 Leuten in einem Dorf von 1000 Einwohnern ist genauso oder vielleicht sogar noch echter *die* Friedensbewegung wie irgendeine etablierte zentralistische Organisation mit vielen Tausend Mitgliedern. Aber zurück zu der Frage nach unserem eindeutigen Verhältnis zu dieser Bewegung. Meine Thesen lauten:

1. Die Ärztebewegung ist Teil der Friedensbewegung.

2. Sie ist es nicht nur deshalb, weil sie mit dieser ein gemeinsames Ziel verfolgt, sondern auch deswegen, weil sie nur vereint mit vielen anderen Kräften der Friedensbewegung ihr Ziel erreichen kann.

3. Die Kooperation engagierter Ärzte mit anderen friedenspolitischen Basisgruppen ist nicht nur um der solidarischen Stoßkraft willen nach außen hin wichtig, sondern auch wegen der Förderung von Lernprozessen auf beiden Seiten. Uns Ärzten tut es gut, durch Kontakt mit politisch erfahreneren Gruppen unseren politischen Horizont zu erweitern, während wir umgekehrt durch unsere medizinisch-ethische Perspektive und u. a. durch unsere strahlenbiologischen Kenntnisse den anderen unterstützende Argumente liefern können.

4. Als nützlich hat sich längst die enge Kooperation von Ärzten mit anderen Gesundheitsberufen in gemeinsamen Initiativen erwiesen. Mehr ausbauen sollten wir indessen aber auch die Verbindung zu Initiativen anderer sozialer Berufsgruppen wie etwa Lehrern, Juristen usw. sowie mit Initiativen aus den Bereichen Gewerkschaft und Kirche. Man denke etwa an die ungeheuer öffentlichkeitswirksame wechselseitige Unterstützung von Ärzten und Kirchenleuten in den USA beim gemeinsamen zivilen Widerstand gegen verschiedene Zivilschutzprogramme.

5. Die verschiedenen Formen sinnvoller Zusammenarbeit ändern aber nichts an dem Wert einer eigenständigen Ärztebewegung im Rahmen der gesamten Friedensbewegung. Wenn Ärzte sich verbal oder sogar durch praktische Verweigerung gegen die Atomrüstung wehren, so fällt auf sie vergleichsweise weniger der Verdacht, daß sie damit nur bestimmten machtpolitischen Interessen dienen wollten. Die sittliche Autorität unseres Standes eröffnet uns immer noch eine besondere Möglichkeit, auf das öffentliche Bewußtsein zu wirken. Diese Bedingung auszunutzen, sehe ich zusammen mit den Kollegen unserer Sektion der IPPNW nicht nur als eine Chance, sondern als eine Verpflichtung um des politischen Ziels willen an.

Aber setzen wir nun nicht gerade unsere besondere Autorität als Ärzte aufs Spiel, wenn wir in der eben beschriebenen Weise mit der Friedensbewegung gemeinsame Sache machen und uns sogar an Verweigerungsstrategien beteiligen? Werden wir durch solche Politisierung nicht rasch eben den Vertrauensvorschuß verlieren, mit dem wir uns im besonderen Maße Gehör verschaffen zu können glauben?

Diese manche Kollegen bewegende Sorge ist deshalb verständlich, weil wir in einer immer noch weitgehend autoritätsergebenen Gesellschaft leben. In unserem Land – anders etwa als in Amerika – irritiert es in der Tat immer noch viele Leute, wenn Ärzte oder gar Kirchenführer aufstehen und gegen die regierungsamtliche Politik protestieren. Wer moralische Integrität mit Obrigkeitshörigkeit verwechselt, empfindet natürlich Befremden über zivilen Widerstand bei den Vertretern von Berufen, die der Machtelite sonst üblicherweise nicht in derart provozierender Form entgegentreten.

Es wäre aber töricht, würden wir uns in dieser Diskussion in eine defensive Position drängen lassen. Wir müssen uns nicht dafür rechtfertigen, wenn wir angesichts der akuten und immer noch wachsenden Atomkriegsdrohung unserer höchsten ärztlich-ethischen Pflicht folgen, die uns zu Gebote stehenden gewaltlosen Mittel einzusetzen, um zur Prävention der apokalyptischen Katastrophe den wirksamsten Beitrag zu leisten. Bald werden auch die noch zögernden Teile der Bevölkerung begreifen, daß wir unsere ärztliche Verantwortung zum Schutz des Überlebens und der allgemeinen Gesundheit richtig einschätzen und nur konsequent wahrnehmen, indem wir nicht nur verbal gegen das Feindbild-Denken und die konkrete Rüstungspolitik Stellung beziehen, sondern obendrein durch eigenen zivilen Widerstand ein ausstrahlendes Beispiel zu geben versuchen.

Warum sollte es uns hier nicht gelingen, was die amerikanischen Ärzte zuwege gebracht haben? Als dort das Pentagon die Krankenhäuser aufforderte, 50 000 Reservebetten für einen eventuellen überraschenden Kriegsfall in Übersee zur Verfügung zu stellen, haben viele Ärztegruppen, zum Teil von der Kirche unterstützt, ihre Mitwirkung verweigert. Dieser öffentlich gemachte Widerstand hat sich dann, wie u. a. der Sozialforscher Prof. Birnbaum von der Georgetown University in Washington recherchiert hat, durchschlagend auf die öffentliche Meinung in Amerika ausgewirkt. Birnbaum nennt sogar den praktischen zivilen Widerstand der Ärzte mit an der Spitze der Faktoren, die in den USA einen Meinungsumschwung zugunsten der Friedensbewegung herbeigeführt haben. Die Amerikaner haben zu Recht nicht etwa an den Moralprinzipien der sich verweigernden Ärzte, vielmehr an denen ihrer führenden Politiker Zweifel bekommen. Das ärztliche Verhalten hat gerade deshalb, weil es scheinbar standesunüblich war, die Massen aufgerüttelt und in deren Vertrauen in den Verantwortungssinn unserer Berufsgruppe bestärkt.

Letztlich entscheidend ist aber nicht, wie positiv sich das ärztliche Verhalten auf das Ansehen des Standes ausgewirkt, sondern wie es das politische Denken der Öffentlichkeit in Amerika beeinflußt hat. Der von soziologischer Seite registrierte Verstärkereffekt für die Freeze-Bewegung beweist, daß ärztlicher Widerstand gegen Zivilverteidigung und kriegsmedizinische Vorbereitungen keine utopischen Ziele verfolgt, sondern unmittelbar verändernd in die Realität eingreifen kann.

Das Denken der Menschen ist eine wichtige Seite der gesellschaftlichen Realität. Massenhafte Umdenkprozesse können die nukleare Rüstungspolitik der Motivationsbasis berauben, auf die sie trotz der von Frank Barnaby beschriebenen wirtschaftlichen, technischen, militärischen, bürokratischen Schubkräfte angewiesen ist. Eingeweihte meinen, daß das Freeze-Votum schon jetzt im amerikanischen Kongreß eine

Mehrheit finden würde. Der vorbereitete Hirtenbrief der katholischen Bischöfe, von dem eine radikale moralische Verurteilung nicht erst des Atomwaffeneinsatzes, sondern schon der Atomwaffendrohung erwartet wird, dürfte der Bewegung weiteren Auftrieb verschaffen.

Was uns hier im eigenen Land betrifft, so können wir uns zweifellos dadurch ermutigt fühlen, daß unsere »Frankfurter Erklärung«, die eine grundsätzliche Verweigerung der Beteiligung an allen kriegsmedizinischen Vorbereitungen enthält, immer breitere Unterstützung erfährt. Längst sind es mehr als 5000 Kollegen, die bei voller Anerkennung ihrer Pflichten im Rahmen der Notfallmedizin öffentlich bekennen, daß sie an keiner Schulung oder Fortbildung in einer als Katastrophenmedizin getarnten Kriegsmedizin partizipieren werden, dafür indessen mit allen Anstrengungen an der *Verhinderung* eines Krieges mitarbeiten wollen. Die Begründung ist die gleiche wie diejenige der amerikanischen Kollegen, die sich gegen das Pentagon-Reservebettenprogramm gewehrt haben: Jede Vorbereitungsmaßnahme, die von der Möglichkeit eines Krieges in Europa ausgeht, fördert indirekt die Bereitschaft, sich auf etwas einzustellen, was um jeden Preis verhindert werden muß.

Nicht *wir* haben ewig aufs neue zu begründen, warum wir die inhumane Triage ablehnen und nicht indirekt zu einer Senkung der Atomkriegsschwelle beitragen wollen. Vielmehr müssen wir die ethische Frage umgekehrt den anderen stellen: Warum unterstützt *Ihr* nicht unsere Anstrengungen, die Atomschwelle zu erhöhen? Warum verweigert *Ihr* euch der Pflicht, Prävention primär *gegen* den Kriegsfall statt *für* den Kriegsfall zu betreiben? Warum helft Ihr nicht mit, durch eigenes Beispiel in der Bevölkerung die Widerstandskraft gegen die zunehmende materielle und psychische Militarisierung zu stärken?

»Unsere einzige Chance« – so hat die Friedensnobelpreisträgerin Alva Myrdal unlängst gesagt – »ist der Druck der öffentlichen Meinung auf die Politiker und durch sie auf die Atommächte«.

Die Öffentlichkeit durch praktischen zivilen Widerstand in unserem ärztlichen Bereich aufzurütteln muß unser Beitrag sein, damit diese Chance gemeinsam genutzt werden kann.

Für die Ausweitung des Engagements im Sinne der »Frankfurter Erklärung« haben in der Bundesrepublik vor allem Ärzteinitiativen gesorgt. Darauf möchte ich ausdrücklich noch einmal deshalb hinweisen, weil unsere von Basisgruppen aus entwickelte Ärztebewegung damit auch schon von ihrer Struktur her ihren unmittelbaren Bezug zur umfassenden Friedensbewegung ausdrückt. Die Ärztebewegung ist nicht etwas, wo man nur hingeht, zuhört, gelegentlich mitdiskutiert und etwas unterschreibt. Sie ist nur so viel wert, wie und was jeder von uns individuell und möglichst obendrein mit Hilfe einer Initiativgruppe einsetzt an Aktivität am Arbeitsplatz und in der Öffentlichkeit, was er ferner aufbringt an kreativen Ideen, an Solidaritätsbereitschaft und nicht zuletzt an Mut, für den Frieden nicht nur zu reden, sondern auch zu kämpfen.

Harald Theml

Wie wir uns täuschen! Wie wir getäuscht werden!

In den vorangegangenen Kapiteln wollten wir uns aus ärztlicher Sicht, d. h. aus Verantwortung für unser Leben, vor Augen führen und bewußt machen, wohin die gegenwärtige Verteidigungspolitik führen kann – und wie ein Atomkrieg aussieht.

Wahrscheinlich haben Sie das meiste davon nicht das erstemal gehört und vermutlich wollten Sie das Buch mehrmals und spätestens an dieser Stelle hier belästigt weglegen, mit dem Gefühl: wozu das Gerede, es ist doch selbstverständlich, daß ein Atomkrieg nicht zu überleben und nicht zu führen ist; ein Atomkrieg ist doch etwas total Theoretisches und daher ein Problem für Philosophen (wie Jaspers oder von Weizsäcker) oder gar Theologen (wie Kardinal König oder Prof. Metz) oder Psychoanalytiker (wie Richter und Parin).

Mit dieser Reaktion sind wir mitten im allernatürlichsten Verhalten, das erklärt, warum wir es ertragen, mit der Bombe, mit den Millionen Sprengköpfen zu leben. Ärzte erinnert dieses Verhalten ein wenig an die Art, wie viele Patienten die Lebensbedrohlichkeit ihrer Erkrankung (z. B. Krebs) oder ihres Verhaltens (z. B. unmäßiges Rauchen oder überschneller Straßenverkehr) nicht wahrhaben wollen und übersehen.

Weil das aber eine tödliche Form von Übersehen und Beruhigung ist, müssen wir einige Methoden näher betrachten, mit denen wir uns über die bedrohlichen Wahrheiten wegtäuschen oder weggetäuscht werden; wir müssen erkennen welche Fallen *wir* uns stellen, welche uns gestellt werden.

I. Die Falle unserer Wahrnehmung (unser blinder Fleck)

Der Schrecken ist zu groß für unsere Aufnahmefähigkeit:

Der englische Psychologe Humphrey schildert seine eigene Überforderung so:

»Die Bombe, die auf Hiroshima abgeworfen wurde, tötete 140 000 Personen. Sie enthielt ungefähr 25 Gramm Uran; das würde einen Kricketball füllen. 140 000 Menschen, das ist ungefähr die Bevölkerung der Stadt Cambridge. Ich jedenfalls kann diese Tatsache nicht erfassen. Ich kann keine Beziehung herstellen zwischen einem Kricketball und dem Tode aller Bewohner von Cambridge. Ich kann mir keine 140 000 Leichen vorstellen, und noch weniger kann ich mit jedem einzelnen Menschen, der da starb, Mitleid empfinden. Und wenn jemand mir erzählt – und ich erzähle es Ihnen –, daß ein Krieg zwischen den Vereinigten Staaten und Rußland einen Zweiten Weltkrieg *pro Sekunde* bedeuten würde und daß auf England Bomben abgeworfen würden, die 5000 Hiroshima-Bomben entsprächen, setzt mein Vorstellungsvermögen aus. Es ist nicht so, daß ich den Gedanken nicht *ertragen* kann, ich kann den Gedanken von 5000 Hiroshima-Bomben nicht einmal *denken* . . . 5000 mal 140 000 ergibt 700 Millionen. 700 Millionen Tote bei einer Bevölkerung von 50 Millionen. Da ist irgend etwas schiefgelaufen. Jeder wird zehn- oder zwanzigmal getötet . . .

Wir verschließen uns vor solchem Unsinn. Wir mögen uns noch soviel Mühe geben, wir verstehen das nicht. Unser Verstand ist von Kultur und Entwicklung sorgfältig ausgesteuert und reagiert nur noch auf die Frequenzen der wirklichen Welt. Eine Nachricht auf einer fremden Wellenlänge erzeugt keine Schwingungen. Die sogenannten Tatsachen gehen einfach durch uns hindurch, wie Radiosignale von den Sternen.«*

* (Zit. nach H.-E. Richter, Zur Psychologie des Friedens, Reinbek 1982, S. 101 f.)

II. Die Falle unseres Vertrauens (und guten Geschmacks)

Es ist nicht denkbar, daß jemand einen Atomkrieg plant

Wir können uns nicht vorstellen, daß Politiker die Vernichtung von Völkern, Kontinenten, ja der Erde einkalkulieren. Unser Vertrauen in die Männer, die wir gewählt haben oder die uns zu ihrem Volk gemacht haben, ist irgendwo unerschöpflich. Wir müßten einkalkulieren, daß wir aus einer Art angeborenem Vertrauenswunsch in die Eltern kaum reaktionsfähig sind, wenn sich Führerfiguren als dumm oder verbrecherisch entpuppen. Wie viele unserer Großeltern hingen noch am Kaiser und seinem Regime trotz seiner mörderischen Dummheit, wie viele glaubten im Dritten Reich auch in Teilkenntnis der Verbrechen, daß der Führer davon sicher nichts wisse. Wieviel haben wir davon wirklich begriffen, daß es möglich war, die Ausrottung eines Volkes wie der Juden oder der Armenier nicht nur zu planen, sondern mit millionenfacher Konsequenz zu betreiben. Auschwitz, Hiroshima und die atomare Hochrüstung hängen in vieler Hinsicht zusammen (und als Deutsche müssen wir zu allem erdrückenden Überfluß auch noch einsehen: Der geniale Humanist Einstein empfahl aus vitaler Angst um sein Volk im Falle eines Hitlersieges die Entwicklung der A-Bombe!).

Wir wollen trotz allem nicht sehen und glauben, was wir täglich in den Zeitungen lesen können: »Sieg ist möglich«, verkündet der Präsidentenberater C. S. Gray und meint den Sieg in einem Atomkrieg gegen die UdSSR; sein Präsident ist davon überzeugt, daß ein begrenzter Atomkrieg möglich ist, und der Verteidigungsminister Weinberger weiß, daß die Geschichte als Schauplatz nun einmal Mitteleuropa ausersehen hat.

Wir wollen nicht wahrhaben, daß unsere Politiker Verbrecher werden können, und wir wollen auch nicht behaupten, daß sie das von ihrer Konstitution oder Absicht her sind; wir müssen nur offenen Auges erkennen, daß sie nichts dagegen tun, u. U. Verbrecher zu werden. Wenn allerdings eine Dame die offizielle NATO-Doktrin formuliert, erstaunen wir: Frau Thatcher erklärte im Mai 83, natürlich sei sie zur Auslösung eines nuklearen Schlages bereit, denn nur so sei Abschreckung glaubhaft und der Frieden zu sichern!

Unsere Reaktion darauf ist typisch: Da hat sich diese Dame irgendwie im Ton vergriffen, so was sagt man doch nicht als Lady. Und sie meint es ja auch nicht so direkt.

In dieser Weise wird im Alltag ganz allgemein das Gespräch über Fragen unserer Verteidigung (und damit das Gespräch über Leben und Tod) als eine Taktlosigkeit empfunden, denn es rührt in geschmackloser, weil ängstlicher und vertrauensarmer Weise an ein Tabu: Es stellt in Frage, daß wir in den Gedanken und Plänen unserer Obrigkeit nicht zweifelsohne sicher geborgen seien wie in Abrahams Schoß. Ein Gespräch, das (auf einer Party, in einer Kantine, in einem Schulhof) Zweifel an unserer tödlichen Sicherheitspolitik äußert, ist so geschmacklos, wie wenn einer laut sagt: Eines Tages sind wir alle tot. Wenn wir so peinlich berührt reagieren, übersehen wir nur, daß über Geschmäcker auch deshalb Streit sich nicht lohnt, weil der schräge Geschmack und die Façon des einen dem anderen meist nicht schaden. Das ist mit unserer Sicherheitspolitik aber sicher anders, sie wird auch die umbringen, nach deren Geschmack sie nicht ist. Deshalb ist sie keine Geschmackssache!

III. Die Falle unseres Verstandes

Die Atombomben dienen nur der Abschreckung!?

In der Tat wollen wir niemandem unterstellen, daß er derzeit einen Atomkrieg möchte, wenn er seine Ziele auch anders sichern oder erreichen kann. Aber wie oben gezeigt, wird er eingeplant, um die »Abschreckung« wirksam zu erhalten! Dies erscheint vielleicht als eine schlaue und geschichtlich neue Methode der Friedenssicherung – aber sie ist a) keineswegs neu, b) schon derzeit nicht friedenssichernd und c) lebensgefährlich für die Zukunft der Welt:

a) Immer schon rüstete man, um potentielle Angreifer abzuschrecken. Das steckte schon in der römischen Praxis »si vis pacem, para bellum« (wenn du Frieden willst, so rüste zum Krieg). Nie aber in der Geschichte hat die Rüstung einen Krieg verhindert – oft allerdings verzögert, so daß es schließlich auf noch höherem Niveau, bei noch katastrophalerer Anreicherung explosiven Rüstungsmaterials zur Zündung kam.

b) Freilich genießen wir Mitteleuropäer nach den zwei Weltkriegen, die unsere Länder umgruben, derzeit eine der längsten Friedensperioden unter dem »Schild« der Abschreckung. Aber spätestens hier lohnt es sich, darüber nachzudenken, ob Frieden schon die Abwesenheit von blutigem Krieg ist. Der Ausdruck »kalter Krieg« zeigt, daß selbst die Strategen dieses Friedens ihn nicht anerkennen. Und nicht nur die Psychoanalytiker, die Pädagogen, die Pfarrer, sondern wir alle können an uns erfahren und spüren, was für ein Frieden das ist: Die äußere Ruhe unter der ständigen Drohung unseres totalen Untergangs. Dieser Augenblick, in dem ich mit meinen Kindern spiele, vor der Haustür stehe, ein Glas Wein einschenke – jeder dieser Augenblicke kann eine kostbare Sekunde der Vorwarnzeit sein! »Der Lachende hat die furchtbare Nachricht nur noch nicht empfangen« (Brecht, »An die Nachgeborenen«).

Ist dies Leben lebenswert, wenn wir es gleichzeitig mit dem von befreundeten oder angeblich befeindeten Millionen ständig wegzuwerfen bereit sind? Wundert uns da eine zunehmende Depressivität und Selbstmordtendenz des einzelnen, wo die ganze Gesellschaft einen selbstmordbereiten Frieden feiert?

Aber auch in der äußeren Bilanz ist dieser Frieden unter der Abschreckung ein fragwürdiger Frieden: Seit dem 2. Weltkrieg haben 148 bewaffnete Konflikte stattgefunden. Ein Großteil von ihnen unterstützt von den Großmächten, sozusagen zwischen Stellvertretern der Großmächte. Das Wesentliche an diesen Kriegen war, daß sie zwischen Kontrahenten ohne Nuklearwaffen auf ihrem Territorium stattfanden.

c) Die Abschreckungstheorie hat also bisher nur direkte Kriege zwischen atomwaffentragenden Nationen verhindert. Von der Zukunft wissen wir nur, daß es auf der Welt nie eine Waffe gab, die nicht schließlich eingesetzt wurde – und daß die immer höhere Anhäufung »kritischer Masse« ihre Explosivität wahrscheinlicher macht. Es ist ein völlig irrationaler, unbewiesener (Aber-)Glaube, daß mit der Zerstörungsmacht und Bedrohlichkeit der Waffensysteme auch die moralische Verantwortlichkeit und Kompetenz wächst, diese Zerstörungsmacht nicht einzusetzen, wenn eine Seite ihre Interessen bedroht sieht und keinen anderen Weg zur Durchsetzung kennt. »Die Menschheit ist durch die technische Entwicklung überrumpelt worden. Ihre sittliche Entwicklung hat damit nicht Schritt gehalten«, sagt der Physik-Nobelpreisträger Max Born. Schon Einstein erkannte: »Die Entfesselung des Atoms hat alles verändert, nur nicht das menschliche Denken.« Wie wenig dieses menschliche Denken, das schließlich für unser Tun ausschlaggebend ist, die Unbenutzbarkeit dieser Massenvernichtungswaffen in Form der reinen Abschreckungstheorie durchzuhalten vermag, zeigte spätestens die sich allmählich entwickelnde Lehre vom »begrenzbaren Atomkrieg«. Begrenzbar aber heißt für uns um so sicherer »totale Vernichtung«: »Der alte Kontinent ist dazu ausersehen, im Kriegsfall das atomare Schlachtfeld zu sein und nicht die USA« (Weinberger).

IV. Die Falle unserer Angst

Aber die anderen bedrohen uns doch.
Wir müssen uns doch wehren können?

Eine Überprüfung der Geschichte des 20. Jahrhunderts liefert keinen Beweis dafür, daß uns der Osten immer bedroht hat. Aber es finden sich ausreichend Beweise, daß Deutschland dort Schrecken ohnegleichen ausgelöst hat. Es wäre merkwürdig, wenn nach 20 Millionen russischer Kriegsopfer im von Deutschland verschuldeten 2. Weltkrieg das Verhältnis der Russen zu Deutschland noch so schwärmerisch wäre wie zu Puschkins Zeiten. In jeder Familie dort ist ureigenes Leid noch heute wach und erhält dauerhafte Angst vor einem hochgerüsteten Deutschland. Aus den historischen Erfahrungen und in Kalkulation unserer militärischen Leistungen versteht man die NATO und ihr Raketenpotential als eine Art Waffenarsenal für Deutschland und die USA. Wir sollten uns die Freiheit und Mühe gestatten, uns in diese östliche Sicht einzudenken und zu verstehen, daß auch hier ein panisches Sicherheitsbedürfnis herrscht (dessen Ergebnis z. B. die Modernisierung der Raketen durch Entwicklung der SS 20 sind). Wir können nicht bedenkenlos im Osten nur Dämonen sehen. Eine derartige Feinbildprojektion stufen Psychoanalytiker (H.-E. Richter) als eine Art Rechtfertigungsversuch ein für die Unbeherrschbarkeit unserer eigenen unverständlichen Rüstungsexpansion: Für die irreal große und bedrohliche Waffe brauchen wir den übergroßen, bedrohlichen Feind.

Dabei sei gern zugegeben, daß die Politiker des Ostens »vertrauensbildende Maßnahmen« spärlich säen und schlecht verkaufen. Alles, was an den Stalinismus erinnert, erweckt bei uns zu Recht Angst und Ablehnung. Und Sicherungen der Einflußsphäre wie in Afghanistan werden nicht mit mehr Feingefühl oder Diplomatie angegangen als die Gegenstücke in Mittelamerika oder Südostasien. Daher sollte hierzulande unter allen Menschen, die den Frieden sichern wollen, nicht der Streit im Mittelpunkt stehen, ob dieser Friede vom Osten bedroht wird (das kann man vielleicht unterschiedlich sehen). Aber über eines kann es bei ruhigem Nachdenken und Nachfühlen keine Meinungsunterschiede geben: Der Friede ist durch atomare Aufrüstung und durch die Illusion eines atomaren Gleichgewichts nicht zu sichern, sondern nur zu gefährden.

Man kann den Frieden nie sichern mit Methoden, die den anderen schon im Frieden minütlich (7 Minuten Vorwarnzeit) mit Auslöschung bedrohen. Und man kann mit Atombedrohung nicht den Frieden, sondern nur einen gigantischen Friedhof garantieren; denn darüber sind sich alle Strategen einig: Zumindest Mitteleuropa wäre beim ersten Fingerzittern am atomaren Knopf nur noch ein Krater.

Den Frieden zu sichern, dazu gehört Geduld, Phantasie, Kompromißbereitschaft, Produktivität ..., Eigenschaften, die unter der gegenseitigen Bedrohung mit Völkermord und Weltinferno vertrocknen und zerdrückt werden. Wer die Zeit noch nicht für reif genug hält, auf Waffen und Armeen zu verzichten, wer aber eingesehen hat, daß atomare Verteidigung nicht möglich ist, kann sich auf so einfallsreiche hohe Strategen wie Mechtersheimer, Löser, Bastian, Spanocchi, La Roque u. v. a. berufen, die als Übergangslösung alternative Strategien unter dem Motto *»Weder rot noch tot«* (General a. D. Löser) entwikkelten.

Den meisten, die die Dimensionen eines Atomkrieges ganz

bedacht haben, geht es zwar nicht um einen Frieden um jeden Preis, aber um die Vermeidung des Atomkrieges um jeden Preis. Hier gibt es (entgegen der Meinung amerikanischer Politiker) keine höheren Werte! Weil wir niemals so schöne (und schwer zu definierende) Werte wie »Freiheit« und »Menschenrechte« leichtfertig, bevor sie voll in Kraft getreten sind, aufs Spiel setzen. Sie sind Verteidigung wert – eine Verteidigung, die den Sinn dieser Worte belegt und erfüllt! Aber ist die Verteidigung der Menschenrechte mit der Androhung der totalen Menschenvernichtung möglich? Ist sie möglich, ohne daß gleichzeitig dieser Wert zerbricht? Die Werte des »freien Westens« mit der möglichen Weltvernichtung verteidigen zu wollen mutet an, als wenn ein ehrwürdiges Kloster, das der Meditation und Realisation der Liebe Gottes geweiht ist, sich gegen unbefugten Eintritt durch Tretminen verwahrt, die einen ungebetenen Gast und diesen Ort des Glaubens in die Luft jagen.

Die Werte, die der Westen auf sein Panier geschrieben hat, wollen anders gelebt und verteidigt sein, damit sie glaubwürdig bleiben. Ihre einzige Verteidigung wäre, sie zu leben. Sie durch Todesandrohung verteidigen zu wollen, tötet in erster Linie Glaubbarkeit und Tragfähigkeit dieser Werte; durch Verzweiflung an unseren Idealen sterben wir innerlich, lange bevor die äußere Globalvernichtung (unaufhaltsam) sich vollzieht.

V. Die Falle unserer Hoffnung

Man kann sich vor den Auswirkungen eines Atomkrieges schützen und ihn überleben

Die Szenarien und Hochrechnungen wechseln. Auch wenn eine amtliche Studie für die BRD nicht vorliegt, läßt sich ableiten, daß in Mitteleuropa zunächst zwischen 10 und 30% der Bevölkerung überleben können; für die Ballungszentren gilt dabei unbestritten die Formulierung des namhaften amerikanischen Epidemiologen J. Geiger: Die meisten sterben sofort, die anderen etwas später – und der Rest noch etwas später. Denn die Umwelt, in der man überlebt, ist in jedem Fall tödlich. Interessant für unsere Frage, wie wir das dauernde Risiko derartiger Bedrohung ertragen, ist aber unsere innere Reaktion angesichts derartiger Zahlenspiele:

Jeder zehnte könnte überleben – Dann will ich der zehnte sein – Ja, ich werde der zehnte sein! Und wenn ich mir nach den Vorschlägen des Bundesverbandes für den Selbstschutz einen Bunker baue, habe ich noch mehr Chancen, zu den Überlebenden zu gehören; und wenn unsere Ärzte und Schwestern, wie wir von ihnen erwarten und wie sie das bis auf wenige gewissenlose Exemplare auch üben, alles an Katastrophenmedizin einsetzen, was sie können, so habe ich (auch in unglücklicherer Wohnlage) noch mehr Chancen, zu den 10% Überlebenden zu gehören! »Jeder Krieg ist schrecklich, wir sind gegen jeden Krieg – aber auch im Atomkrieg ist Hilfe möglich und stellt eine ethische Verpflichtung dar, denn bis zu 50% der Bevölkerung könnte besonders in Randzonen überleben, denen muß geholfen werden« (Ärztekammer, Rebentisch). Hieran knüpfen sich unsere Hoffnungen, hieran werden unsere Hoffnungen geknüpft!

Als Ärzte (und Patienten) erinnern wir uns an die Situationen, in der ein Patient »schonend« aufgeklärt wird: Es sei wohl eine eigentlich unheilbare Krankheit, aber wenn wir Glück haben und die Flinte nicht ins Korn werfen, alles tun, was der Arzt sagt, gäbe es eine gewisse Chance (die wird in Statistiken in % und ‰ ausgedrückt). Und wir wissen dann, unser Patient sieht sich als dies eine Promille.

Wenn es aber eine Krankheit ist, die ich vermeiden kann (z. B. Lungenkrebs durch Beendigung des Zigarettenmißbrauchs), dann ist das tröstliche Vorgaukeln von Heilungschancen eine gefährliche Irreführung und es verhindert, daß man den vollen Ernst der Anstrengung in die Verhinderung der Erkrankung legt! Und darum geht es bei der Kriegsproblematik: Atomkrieg ist keine unvermeidliche, kurierbare Krankheit oder ein Naturereignis; der moderne Krieg ist ein vermeidbares Verbrechen an der Menschheit, dessen Folgen unkurierbar sind!

Die Beispiele aus der Medizin treffen unsere Situation aber nur hinsichtlich der bekannten, unglaublichen menschlichen Illusionsfähigkeit. Diese Illusionsfähigkeit führt aber nicht nur zu erhöhter und unrealistischer Risikobereitschaft für die *eigene* Person – sie nimmt das Risiko für andere bereitwillig in Kauf: Wer sich angesichts der Prozent-Chance einen Bunker bastelt, der will 50–90 % seiner Mitmenschen und seiner »Feinde« überleben! Er nimmt ihr grauenvolles Ende in Kauf als Preis der Verteidigung seiner Lebensform. So fallen wir nicht nur selbst in die weite, gut getarnte Falle unserer Hoffnung, sondern wir zerren unsere Umwelt mit hinein. Denn:

Wer im Atomkrieg *überleben* will, will *im Atomkrieg* überleben!

Und wir Ärzte und Helfer müssen unseren Patienten eingestehen:

Wer im Atomkrieg *helfen* will, will *im Atomkrieg* helfen!

Das wollen wir nie müssen!

VI. Die Falle unserer Hoffnungslosigkeit

Es hat ja doch alles keinen Zweck – wenn nur erst Schluß wäre!?

Am Ende langer Debatten um unsere Sicherheit, wenn mit Raketen, Megatonnen und Überlebensprozenten jeder jedem klargemacht hat, daß das Gebäude unserer Sicherheit einem umgedrehten Turm von Babel gleicht, der auf nadelfeiner Spitze steht, dann wird klar, das kann so nicht gutgehen. Irgendwoher aus der Runde kommt dann der Gedanke gestöhnt, der keinem fremd ist: Es muß ja mal kommen, was soll es, sich dagegen zu stemmen: Sind nicht alle Kriege bisher gekommen, wenn die Waffenmenge angehäuft war – und waren nicht alle Menschen schließlich reif und bereit dafür!?

Wir wollen nicht leugnen, daß das ansteckend ist – man wird an die merkwürdigen Theorien eines »Todestriebs« erinnert, mit allen seinen Ungereimtheiten. Klar scheint hier nichts zu sein. Bei uns Deutschen kommt vielleicht noch eine Wurzel für dieses passive Hinnehmen der Vernichtungsdrohung hinzu: Mitscherlich z. B. erkannte, daß unser rascher, unverdienter Aufstieg nach dem Grauen des Hitlerreiches eine Art »vorenthaltene Niederlage« war. Wir haben den Aufstieg genossen – und gleichzeitig konnten wir ihm nicht trauen; denn Strafe und

Trauer wurden ja nicht vollzogen, sie lauern uns als ständige Drohung und noch ausstehende, nur aufgehobene Strafe auf, und wir müssen sie in ihrer inneren Logik akzeptieren, so wie in der äußeren Logik unsere atomare Bedrohung tatsächlich eine der Folgen des Dritten Reiches ist.

Den Älteren unter uns wird bei solchen schweren Gedanken der Mut und Schwung und vielleicht die Berechtigung fehlen, sich von diesem Sog zu befreien, der uns unsere Vernichtung als konsequent, gerecht und unausweichlich erscheinen läßt. Aber denken wir doch nur einen Augenblick an die anderen, die Kinder, Enkel und Ungeborenen – oder an die anderen in unseren Nachbarländern! Wenn wir vielleicht selbst an Recht und Mut zum Leben verzagen mögen, müssen wir doch um so mehr alles für ihr Recht tun! Wir haben *kein Recht auf Hoffnungslosigkeit, denn sie tötet nicht nur uns.* Wir haben eine *Verpflichtung zum Leben, denn es ist nicht nur unser Leben.*

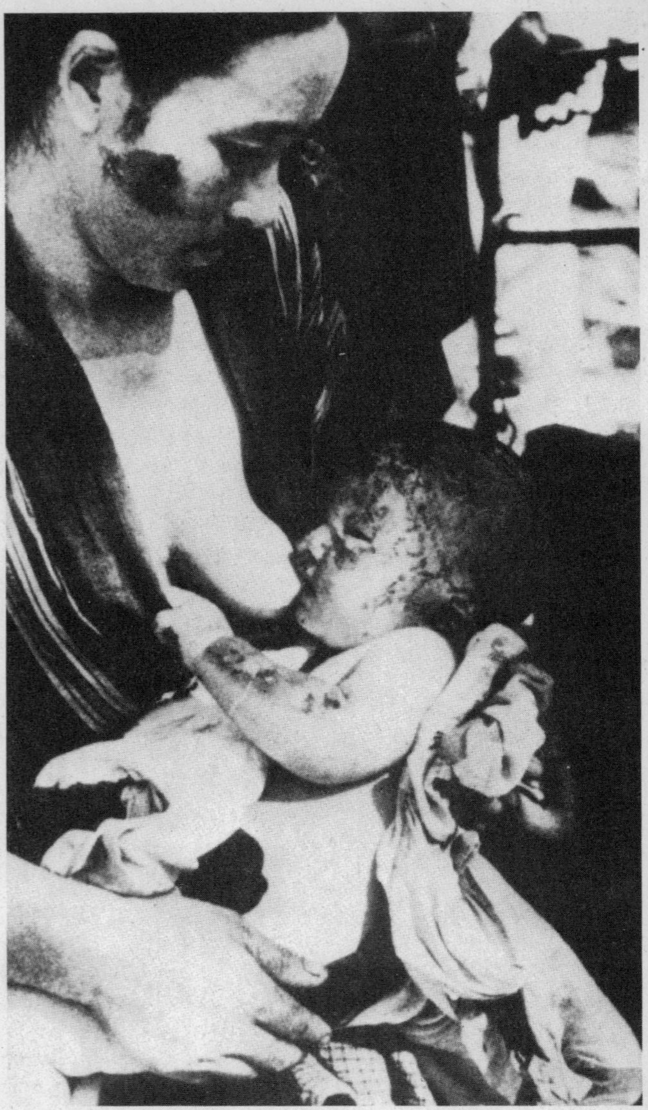

Nagasaki: Eine Mutter wartet auf medizinische Behandlung. Unter Schock gibt sie ihrem Kind die Brust.

Vappu Taipale
Kind und Krieg

Als sich die Sozialwissenschaftler in den sechziger Jahren der Friedensforschung zuwandten, entwickelten sich daraus auch Untersuchungen über die *kindlichen Vorstellungen von Krieg und Frieden.* Viele dieser Untersuchungen stammen aus den nordischen Ländern, einem Teil der Erde, der sich längerer Perioden des Friedens und der Sicherheit erfreut hat (Rosell 1968, Alvik 1968, Nummenmaa 1972). Diese Studien hoben die Tatsache hervor, daß der Sozialisierungsprozeß für Mädchen und Jungen unterschiedlich ausfällt. Die Erwachsenengesellschaft lehrt die Geschlechter verschiedene Sichtweisen ihrer selbst und ihrer zukünftigen Aufgaben; die Jungen lernen, ihr Land, die Mädchen das Heim zu verteidigen. Eine neuere Untersuchung, die in der Bundesrepublik Deutschland durchgeführt wurde (Büttner 1983), beschreibt die von den Mädchen erfahrene Hilflosigkeit und die aggressive »Bewaffnung« der Jungen in ihren Vorstellungen vom Krieg.

Die Konzeptionen von Krieg und Frieden sind im Verhältnis zueinander mangelhaft koordiniert. Die Bilder und Vorstellungen vom Krieg, und besonders vom konventionellen Krieg, sind zweideutig, während die Vorstellung vom Frieden nebelhaft bleibt. Der kindliche Geist scheint den Frieden vornehmlich durch die Abwesenheit von Krieg zu definieren. Eine positive Friedenskonzeption, oder Friede als die Vorbedingung des Lebens, freundschaftlicher Beziehungen zwischen Nachbarn, des Handels und des kulturellen Austauschs usw., hat sich in der kindlichen Denkweise noch nicht gefestigt. In diesem Sinne spiegeln Kinder offensichtlich die Vorstellungen der Erwachsenenwelt wider. Die kindlichen Vorstellungen von Krieg und Frieden sind durch ihr Entwicklungsstadium, die Familie, Freundschaften, formale Erziehung und die Medien beeinflußt. Man hat beobachtet, daß die Einstellungen zu

Hause das von den Medien vermittelte Bild kolorieren; Kinder nehmen Meinungen aus Presse und Fernsehen auf, welche die zu Hause angenommenen Einstellungen verstärken (Tolley 1974). Die massive Gewöhnung an Gewalt in der Kulturindustrie der Massenunterhaltung fängt bereits im Vorschulalter an, die Werte, Einstellungen und Verhaltensweisen der Kinder zu beeinflussen. Dieses Muster kann den Einfluß des Elternhauses überschatten. Andererseits können strukturell zerrissene Elternhäuser ein Bedürfnis aufkommen lassen, die kindlichen Frustrationen durch übermäßige Gewaltausübung in der Kultur auszuleben.

Die zweite Forschungskategorie betrifft das Problem, *wie Kinder den Krieg erleben.* Auf diesem Gebiet liegen z. B. Berichte aus Großbritannien, Polen, der Sowjetunion und Skandinavien vor, die im wesentlichen die Ära des Zweiten Weltkriegs beschreiben. Diese Untersuchungen enthüllen beispielsweise die unmittelbaren Angstreaktionen von Kindern bei Bombenangriffen (Bodman 1944). Auch dienen sie als Dokumente für die Verzweiflung hunderttausender von Kindern, die ohne eigenes Verschulden die Schrecken des Krieges erlitten haben. In diesem Bereich darf eine Studie von Anna Freud und Dorothy Burlingham (1943) als Klassiker gelten. Nach ihren Ergebnissen durchlebten die Kinder der Kriegszeit schlimmere Ängste, wenn sie evakuiert und von ihren Eltern getrennt wurden, als wenn sie die Grausamkeit des Krieges zusammen mit ihren Eltern erlitten. Wir verfügen nur über wenige Dokumente von Kindern selbst, etwa Zeichnungen von Kindern, die in Konzentrationslagern interniert waren, oder Erfahrungsberichte der Kinder von Hiroshima (Children of Hiroshima, 1981). Weiteres Material über die Kriegserfahrungen von Kindern ist rückblickend in der Literatur, selbst in der Kinder- und Jugendliteratur, erzählerisch verarbeitet worden.

Der dritte Forschungsaspekt konzentriert sich auf *Länder, die heute unter Konfliktbedingungen leben*, und auf die Entwicklung der Kinder, die unter solchen Bedingungen aufwachsen. In Europa haben wir dazu Material beispielsweise aus Nordirland (Harbison 1983), aber es gibt auch Unterlagen aus Israel (Punamäki 1982). Solche Studien vermitteln eine Botschaft über die brutale Umwelt, in der Kinder heranwachsen.

Die Kinder wachsen in ständige soziale Feindschaft und unablässige Aggression hinein. Langfristig scheinen die Verwilderungseffekte erst nach dem zehnten Lebensjahr aufzutreten, wobei die jüngeren Kinder am wirkungsvollsten von ihren Eltern geschützt werden. Der Sozialisierungsprozeß scheint für Mädchen und Jungen ein ähnliches Muster anzunehmen, und das gilt besonders für den Mittleren Osten, wo keine signifikanten Rollenunterschiede mehr festgestellt werden können.

Eine deutlich geringere Anzahl von Forschern haben sich mit dem Leben *unter der Bedrohung eines Atomkrieges* befaßt. Richtungweisende Forschungsarbeit, hauptsächlich auf der Grundlage von Fragebogen oder Interviews, ist während der sechziger Jahre in den Vereinigten Staaten entstanden. Darin wurde jedoch nicht der Versuch unternommen, eine umfassende psychologische Einschätzung der gesamten Umwelt für das Heranwachsen und die Lebenssituation der Kinder vorzunehmen. Einige dieser Untersuchungen waren jedoch groß angelegt (Escalona 1962, Schwebel & Schwebel 1981, Beardslee & Mack 1982).

Die Ergebnisse waren insofern überraschend, als von Kindern verschiedener Altersstufen sehr häufig berichtet wurde, daß sie sich um die Möglichkeit eines Atomkrieges als konkret empfundene Bedrohung für ihre Zukunft ängstigten. Darin stimmen die Befunde aus den USA und Europa überein. Dieselbe Angst kommt sogar dann zum Ausdruck, wenn der Forscher bei der Frage nach den Ängsten und Wünschen eines Kindes nicht explizit auf die Drohung eines Atomkrieges zu sprechen kommt. Das mangelnde Vertrauen der Kinder in die Erwachsenengeneration scheint sich auch auszubreiten, wenn sie zynischer und rebellischer werden. Das alltägliche Leben von Familien mit Kindern liefert die Belege für diese Studien. Personen, die mit kleinen Kindern arbeiten und zusammenleben, müssen gelegentlich bohrende Fragen der Kinder über Krieg und Frieden beantworten.

In einer noch nicht abgeschlossenen finnischen Erhebung, die auf einer repräsentativen Umfrage unter zwölf- bis achtzehnjährigen finnischen Jugendlichen beruht (N = 6800), zeichnet sich ab, daß die größte Furcht der Jugendlichen hinsichtlich ihres eigenen Lebens und ihrer Zukunft die vor einem Krieg ist. Drei von vier Jugendlichen fürchten den Krieg mehr als alles andere. Besonders die Mädchen sind feinfühlig für die Erfahrung und bringen starke Angst zum Ausdruck (30 bis 40 %). Als Psychiater interessieren wir uns besonders für eine spezielle Gruppe, etwa 10 % der Befragten, deren Gedanken fast täglich um die Drohung eines Krieges kreist (Solantaus ym. 1983).

Die Aufgaben der IPPNW

Wie von der IPPNW vorausgesehen, stehen wir heute an einem entscheidenden Wendepunkt. Die Arbeit zur Verhinderung eines Atomkriegs und die Antikriegsbewegung müssen kontinuierlich ausgedehnt und erweitert werden. Die Fortsetzung dieser Arbeit, die Erforschung und Durchdringung des Gebiets der geistigen Gesundheit von Kindern, bedeutet, einen neuen Weg einzuschlagen. So müssen auch die gängigen Ansatzpunkte kritisch überprüft werden.

Die erste grundlegende Frage lautet, *warum auf diesem Gebiet nur so wenig Forschungsarbeit geleistet wurde.* Die Forschungsprojekte sind verstreut und vollziehen sich ohne Austausch der Vorhaben und Ergebnisse. Ein Vergleich mit jedem beliebigen anderen medizinischen Forschungsgebiet zeigt, daß das verfügbare Quellenmaterial in diesem Bereich tatsächlich dürftig ist. Gewöhnliche Methoden der Datenauswertung fördern kein Material zutage. Zweifellos lassen sich weltweit Beispiele für lokal begrenzte Forschungstraditionen finden, die von der gewissenhaften Arbeit einzelner Psychiater, Kinderpsychiater und Ärzte getragen werden, dabei handelt es sich aber nicht um den Zweig eines etablierten Wissenschaftsgebiets. Der erste internationale Kongreß mit dem Thema »Kind und Krieg« (Siuntio, Finnland 1983) machte drückend die Notwendigkeit engerer Zusammenarbeit zwischen den Forschern deutlich und ließ sichtbar werden, in welchem desorganisierten Zustand wir uns derzeit befinden.

Horst-Eberhard Richter hat auf dem zweiten IPPNW-Kongreß in Cambridge äußerst sachkundig über den psychischen

Abwehrmechanismus gegen die Drohung eines Atomkriegs gesprochen. Die von den Gemeinschaften eingesetzten psychischen Mechanismen sind jedoch nur in sehr begrenztem Umfang untersucht worden, und weniger noch im Hinblick auf die globalen Kriegs- und Friedensstrategien der Politik. Möglicherweise ist das Forschungspotential gerade aufgrund der psychischen Abwehrmaßnahmen unangetastet geblieben. Ich kann ein Beispiel aus Finnland erwähnen, wo während des Zweiten Weltkriegs sechzigtausend Kinder nach Schweden evakuiert und einige Jahre später nach Finnland zurückgeschickt wurden. Der riesige Umfang dieses Materials, aus dem sich unermeßliche Möglichkeiten für die Erforschung kindlicher Trennungsängste ergeben, ist unbearbeitet geblieben, weil das Material erst jetzt, vierzig Jahre nach Kriegsende, unvoreingenommen beurteilt werden kann. Eine deutliche Zunahme der Erforschung psychischer Abwehrmaßnahmen, wie sie von Gemeinschaften eingesetzt werden, ist dringend erforderlich, um eine solide Grundlage für Untersuchungen über Krieg und Frieden legen zu können.

Die Untersuchung und Erforschung der somatischen Auswirkungen eines Atomkriegs ist bis dato erschöpfend und wissenschaftlich fundiert betrieben worden. Das kann man jedoch für die geistige Gesundheit in diesem Zusammenhang nicht sagen. Der wertvolle Bericht der Weltgesundheitsorganisation (1983) über die Auswirkungen eines Atomkriegs geht auf diesen Bereich nicht ein.

Die Forschung muß daher fast ganz von vorne anfangen. Bisher haben wir nur eine Zusammenstellung der Meinungen und Gedanken von Kindern und Jugendlichen verschiedener Altersstufen sowie ihre Ängste und Träume. Wenn wir anhand dieser Ausgangspunkte die wirklichen Einflüsse auf die geistige Gesundheit skizzieren wollen, benötigen wir vorab eine begründete wissenschaftliche Kompetenz und Zugangsweise. Gleichwohl ist es unsere Pflicht, diese Kluft zu überbrücken. In diesem und im kommenden Jahr scheint aber eine belebende Flut von Forschungsarbeiten zu diesem Thema auf uns zuzukommen. Auch kann man sich viel von der Zusammenarbeit bei internationalen Projekten versprechen (Chivian 1983).

Sosehr das Bewußtsein für die von Kindern empfundenen

Ängste den an unserer Bewegung beteiligten Ärzten und den Erwachsenen im allgemeinen die Augen geöffnet hat, so wichtig ist es auch, sich mit Gegenvorstellungen zu diesem Thema zu befassen. Einer der schwerwiegendsten gegen uns gerichteten Vorwürfe, den wir immer wieder zu hören bekommen, lautet, *daß Kinder ausgenutzt werden,* wenn die Erwachsenen sie mit Gesprächen über den Atomkrieg ängstigen und dadurch ihre eigenen Ängste auf ihre Kinder projizieren, sie also mit den Qualen der Erwachsenen belasten. Es wird unser ganzes Können in Anspruch nehmen, uns von diesen Vorwürfen zu befreien und ihnen entgegenzuwirken. Unter diesem Aspekt werde ich mich nun den folgenden Punkten zuwenden.

Man sollte die Stellung des Kindes in der Gesellschaft nicht romantisch beschönigen. Die Behauptung, daß Kinder nicht kindlich sein dürfen, weil sie gezwungen werden, der Gefahr eines Krieges und anderer bestürzender und beängstigender Tatsachen ins Auge zu sehen, erweist sich im Lichte der Sozialgeschichte als völlig unhaltbar und absurd.

Die *Bindeglieder zwischen einem Kind und dem Krieg* rufen unausweichlich den *zivilen Gesichtspunkt* auf den Plan. Nach Schätzungen waren etwa fünf Prozent der Opfer des Ersten Weltkrieges Zivilisten, und bei zukünftigen Kriegen werden es erheblich mehr sein. Eine neuere Schätzung hat ermittelt, daß bei den gegenwärtigen Kriegen bis zu 97 % der Opfer Zivilisten sind. Unter Kriegsbedingungen kann sich ein Kind noch nicht einmal ergeben. Wenn es unter der ständigen Kriegsdrohung zu Friedenszeiten aufwächst, kann es sein, daß sich ein Kind den Einflüssen dieser Drohung ausliefern muß.

Mit der Kriegsgefahr wächst auch die Möglichkeit einer Militarisierung der Kinder. Dabei können sich die Kinder zu paramilitärischen Gruppen entwickeln, oder die Elternübertragung kann sie dazu zwingen, unter dem Vorwand, ein Spiel zu spielen, kriegsähnliche terroristische Verhaltensweisen anzunehmen (Fraser 1974). Die Militarisierung kann sich auch in Form einer Militarisierung des kindlichen Gemüts vollziehen. Einen konventionellen Krieg kann man auf verschiedenen Ebenen der Phantasie spielen. In der heutigen Welt kommen die Archetypen der kindlichen Alltagsspiele durch die Bilder von Cowboy und Indianer, Räuber und Gendarm, Held und

Schurke zum Ausdruck. Aber es ist schwierig, im konkreten Sinne Atomkrieg zu spielen. Die Militarisierung des kindlichen Gemüts wird daher auf die Ebene eines Kriegs der Sterne übertragen, wobei elektronische Spielzeuge dazu dienen, ganze Planeten auszulöschen.

Untersucht man die Kriegsgefahr aus kindlicher Perspektive, dann setzt man dabei natürlich ganz andere Schwerpunkte, als wenn man über Rüstung und Rüstungsausgaben diskutiert. Die Erwachsenen oder die Eltern bilden hier das Gegenstück zu den Kindern. Die von den Erwachsenen getragene Verantwortung nimmt eine neue Form an. Gleichzeitig werden neue Gruppierungen oder neue Kräfte für die kollektive Friedensarbeit mobilisiert. Diese Perspektive schließt alle Arbeitsgruppen ein, die mit Kindern zu tun haben, dazu Erwachsene, die mit Kindern zusammenleben, Organisationen, die sich für Kinder einsetzen, und darüber hinaus die Sonderorganisationen der Vereinten Nationen, wie die UNICEF.

Die Kinder in den modernen industrialisierten Ländern wachsen in einer Informationsgesellschaft auf, die alles, was in der Welt passiert, mit blitzartiger Geschwindigkeit durch Fernsehen, Radio und die anderen Medien verbreitet. Die Familienforschung zeigt, wie jedes Kind nach seiner oder ihrer Geburt unausweichlich mit der umgebenden Realität verschmilzt. Die kindlichen Sichtweisen der Welt sind aus Bruchstücken des ununterbrochenen Informationsflusses, Reaktionen der sie umgebenden Erwachsenen, den Gedanken ihrer Freunde und ihrer eigenen Vorstellungswelt zusammengesetzt.

Die neuere Geschichte liefert uns ein Beispiel, das der Entwicklung kindlicher Vorstellungen von Krieg und Frieden analog sein kann. Noch vor wenigen Jahrzehnten glaubte man, daß die beste Sexualerziehung für Kinder darin liege, sie mit dem Eintritt in das Pubertätsalter summarisch aufzuklären. Dahinter steckte eine gute Absicht: Kinder durften Kinder sein. Zu den wichtigen Entwicklungsstufen der Psychiatrie gehört die Entdeckung, daß dieses Vorgehen störende Auswirkungen hat, und wie wichtig es gewesen ist, die Kreativität zu befreien, die durch falsche Bevormundung gefesselt war.

Die kindliche Entwicklung ist ein Prozeß, ein langer Prozeß. Den sichersten und behütetsten Verlauf kann sie in einer lebendigen Interaktion mit den Erwachsenen nehmen. Wahre Eltern geben ihren Kindern die Sicherheit, sich mit allen ihren Ängsten und Fragen an sie wenden zu können. Die Erwachsenen müssen sich aber damit abfinden, daß es für ein Kind niemals die eine ganz zufriedenstellende Antwort gibt. Bei seinem Heranwachsen entwickelt sich die Welt weiter und verändert sich, und immer wieder kommen neue Ereignisse auf das Kind zu.

Die Existenz von Atomwaffen hat die ganze Welt verändert. Wir müssen uns darauf einstellen, daß sich auch die Umwelt des heranwachsenden Kindes völlig gewandelt hat. Daher ist es nur natürlich und verständlich, wenn unsere Kinder darauf reagieren. Die Forschung zeigt, daß Kinder mit einem Familienhintergrund, der ihnen die Möglichkeit konstruktiven Verhaltens eröffnet, mit der stabilsten psychischen Gesundheit aufwachsen (Schwebel & Schwebel 1981).

Zuletzt möchte ich noch einen Punkt betonen. Kinder können niemals allein die Verantwortung für die Situation tragen, in der sich die Welt befindet. Sie können sich auf ihre eigene Weise verhalten und ihre Ängste in positives Handeln umsetzen. Die Erwachsenen müssen jedoch die gesamte Verantwortung tragen. Wenn unsere Kinder nur Verzweiflung erben, dann wird die Last der Verantwortung zu schwer für sie sein. Wir würden dann unsere eigenen Kinder berauben und ausnutzen, wo wir doch eigentlich alles in unserer Macht Stehende tun sollten, um das zu vermeiden.

Regine Armbruster-Heyer
Geschichte der Internationalen Ärztebewegung zur Verhinderung eines Atomkrieges

Die Entstehung der IPPNW (International Physicians for the Prevention of Nuclear War)

Die erste Ärzteorganisation, die sich in den USA mit den medizinischen Auswirkungen des Atomkrieges beschäftigte, war die Physicians for Social Responsibility = PSR (Ärzte für soziale Verantwortung), die 1962 in Boston gegründet wurde. Im selben Jahr veröffentlichte die Gruppe, unter ihnen das spätere Gründungsmitglied der IPPNW Bernard Lown, eine vielbeachtete Artikelserie im New England Journal of Medicine (NEJM) mit dem Titel: »Die medizinischen Folgen des thermonuklearen Krieges«.

Der Aktivität dieser Gruppe war es maßgeblich zu verdanken, daß im Jahr 1964 der überirdische Atomwaffenteststopp-Vertrag (test-ban) unterzeichnet wurde und das Zivilschutzprogramm unter Präsident Carter abgesetzt wurde.

Trotz wachsender Atomwaffenarsenale in den folgen Jahrzehnten schlief die Bewegung zunächst wieder ein.

1979 befaßten sich Ärzte aus der früheren PSR und die aus Australien stammende Kinderärztin Helen Caldicott mit der gesundheitlichen Gefährdung durch Atomwaffen und Atomkraftwerke. H. Caldicott informierte die australische Öffentlichkeit bereits seit 1971 über die gesundheitlichen Risiken der überirdischen Atomwaffentests der französischen Regierung im Südpazifik. Sie informierte die Gewerkschaften und die Bergbauarbeiter der Uranbergwerke über die Gesundheitsgefahren und Strahlenverseuchung ihrer Umwelt und erreichte so die Einstellung der überirdischen Atomwaffentests.

Die PSR veröffentlichte erneut eine Anzeige im New England Journal of Medicine, dieses Mal über die Gesundheitsgefahren der Atomkraftwerke (radioaktiver Abfall), die Gefahr durch atomare Unfälle und die Verbreitung von Atomwaffen. Die Ärzte forderten wegen dieser Gefahren die Abschaffung von Atomwaffen, einen Baustopp für Atomkraftwerke, die schrittweise Stillegung von z. Zt. arbeitenden Atomkraftwerken usw.

Einen Tag vor Erscheinen der Anzeige ereignete sich das Nuklearunglück von Harrisburg.

In seiner Folge stehen der Neubeginn der amerikanischen Ärztebewegung und ihre Verbreitung im ganzen Land. Zu ihrem Programm gehörten die Organisation von Ärztefortbildungen über die medizinischen Gesundheitsgefahren durch Atomkraftwerke und Atomwaffen, die Veröffentlichung der Atomkriegsgefahr, die Gründung von Vereinigungen im ganzen Land, die Veröffentlichung eines Rundbriefs und die Einrichtung eines nationalen Büros mit Bücherei und Quellenregister in Boston.

Obwohl die Frage der Atomkraftwerke einen großen Teil der medizinischen Untersuchungen auf sich zog, wurde vielen Mitarbeitern der PSR klar, daß die größte Gefahr für die Menschheit ein Atomkrieg ist. Als Ergebnis beschloß man, eine Aufklärungsveranstaltung für Ärzte über die Gefahren eines Kernwaffenkrieges zu organisieren, die im Februar 1980 unter dem Titel: »Die medizinischen Folgen der Atomwaffen und des Atomkrieges« in Boston stattfand. Dieses Symposium zog die Aufmerksamkeit der Presse auf sich, und die Schlußfolgerung des Symposiums wurde in einem offenen Brief an Präsident Carter und an Ministerpräsident Breschnew gerichtet, veröffentlicht in der New York Times und von 700 Ärzten, Wissenschaftlern, prominenten US-Bürgern einschließlich vier Nobelpreisträgern unterzeichnet.

Carter veranlaßte aufgrund dieses Briefes eine Diskussion im Weißen Haus und Breschnew veröffentlichte den Brief auf der ersten Seite der Prawda.

In der Folge kam ein Treffen zwischen den Kardiologen Prof. B. Lown und zwei Abgeordneten im Gesundheitsministerium der UdSSR, Prof. E. Chazow und Prof. Blokhin, zustande. Prof. Chazow ist wie Prof. Lown Kardiologe und war damals persönlich betreuender Arzt von Breschnew. Die amerikanischen Ärzte schlugen einen jährlichen Kongreß zwischen den amerikanischen, sowjetischen und japanischen Ärzten vor, weil eine Diskussion zwischen prominenten Ärzten der internationalen Ärzteschaft weltweit Aufmerksamkeit für die beispiellosen medizinischen Folgen eines Atomkrieges erregen könnte.

Im Dezember 1980 trafen sich in Genf drei Gründungsmitglieder der amerikanischen IPPNW mit drei sowjetischen Ärzten, die gleichzeitig leitende Funktionen als Ärzte wie auch leitende Funktionen im Gesundheitsministerium hatten. Sie veröffentlichten gemeinsam ein Statement, welches im amerikanischen und sowjetischen Fernsehen ausgestrahlt wurde.

Dies war der eigentliche Beginn der Internationalisierung der IPPNW. Prof. Lown wurde zum Präsidenten, Prof. Chazow zum Vizepräsidenten bestimmt. Prof. Chazow schlug vor, die Mitgliedschaft auf neutrale Länder und Staaten der Dritten Welt auszudehnen.

Der erste internationale Kongreß, der dann im März 1981 stattfand, umfaßte ca. 70 Delegierte aus 11 Ländern und wurde in der Nähe von Washington, D. C., abgehalten. Dieser Kongreß hat wesentlich dazu beigetragen, daß in anderen, vor allen Dingen in europäischen, Staaten die Ärzteschaft ebenfalls aktiv wurde und hierin eine Motivation sah, sich ebenfalls bei der Aufklärung über die Atomkriegsgefahr zu engagieren.

Inzwischen haben drei internationale Kongresse stattgefunden, der zweite im April 1982 in Cambridge/England, der dritte im Juni 1983 bei Amsterdam, auf dem bereits 300 Delegierte aus 43 Ländern erschienen. Trotz der stetigen Zunahme der Mitgliedsländer der IPPNW und der anwachsenden Mitgliedszahlen in den einzelnen nationalen Sektionen, läßt sich noch kein konkreter Einfluß auf die Regierungspolitik der Blockstaaten in Richtung Abrüstung erkennen. Grußbotschaften von international bekannten politischen und medizinischen Persönlichkeiten, wie z. B. von Papst Johannes Paul II., von Juri Andropow und von Ronald Reagan zu erhalten und sich dadurch geschmeichelt zu fühlen, darin kann die politische Zielsetzung der IPPNW sich gewiß nicht erschöpfen. Der Anspruch muß vielmehr weiter gehen, wie B. Lown in einem Vortrag vermerkte:

»In dieser Phase des Wettrüstens müssen wir Ärzte unseren

Wissenschaftskollegen den Finger vom Knopf nehmen ... Nur eine stark gewordene öffentliche Meinung kann die politischen Führer zwingen, den Lauf der Rüstungsspirale zu stoppen« (aus Sounding Board).

Zur Entstehung der bundesdeutschen Sektion der IPPNW

Im Februar 1982 konstituierte sich in Frankfurt die »Sektion Bundesrepublik Deutschland der IPPNW«. Gründungsmitglieder waren Ärzte aus der Professorenschaft und Ärzte aus vier Großstädten, die in den sogenannten Ärzteinitiativen ähnlich wie die PSR und nach deren Vorbild Aufklärungsveranstaltungen und Aktionen gestartet hatten. Die meisten Gründungsmitglieder teilten jedoch die Auffassung von H.-E. Richter, daß die Ärztebewegung durch eine Verweigerungserklärung erst deutlich mache, wie ernst es ihr mit ihrem Engagement ist, und daß durch die Teilnahme der Ärzte an katastrophenmedizinischen Fortbildungsveranstaltungen der Ärztekammern die Gefahr eines Atomkrieges verharmlost wird. Deshalb wurde die Gründung der Sektion Bundesrepublik der IPPNW mit der Veröffentlichung der sogenannten »Frankfurter Erklärung« verbunden (siehe Anhang).

Diese Erklärung wurde bislang von fast 6000 Ärzten unterschrieben. Sie wurde internationalisiert in dem »New Physicians Oath« und auf dem 2. IPPNW-Kongreß in Cambridge vorgestellt und unterzeichnet.

In der Bundesrepublik Deutschland schlossen sich der IPPNW vorwiegend solche Ärztinnen und Ärzte an, die sich bereits in verschiedenen Initiativen organisiert und kritisch zur sogenannten friedlichen Nutzung der Kernenergie geäußert hatten, aber im Lauf der letzten Jahre den Schwerpunkt ihrer Arbeit darauf legten, vor den Gefahren eines Atomkrieges zu warnen. Während in anderen Ländern auch Kollegen aus der etablierten Ärzteschaft der IPPNW beitraten und wie z. B. Sir Douglas Black als Präsident der Britischen Ärztekammer die Arbeit der IPPNW kraft Amtes unterstützten, wurde die IPPNW in der Bundesrepublik von offiziellen Stellen wie z. B. den Ärztekammern und der Gesellschaft für Katastrophenmedizin als moskaugesteuertes Propagandainstrument verunglimpft. Die Mitarbeit prominenter deutscher Ärzte wie Prof. H.-E. Richter, Prof. U. Gottstein und Prof. H. Begemann in der deutschen Sektion der IPPNW und die große Zahl der Ärzte, die die Frankfurter Erklärung unterzeichnet haben, dürften die Haltlosigkeit solcher Verdächtigungen erweisen. Wie in den USA oder in England wäre die IPPNW ohne die Basisbewegung, die Arbeit der Mitglieder in bundesweiten Ärzteinitiativen, nicht denkbar.

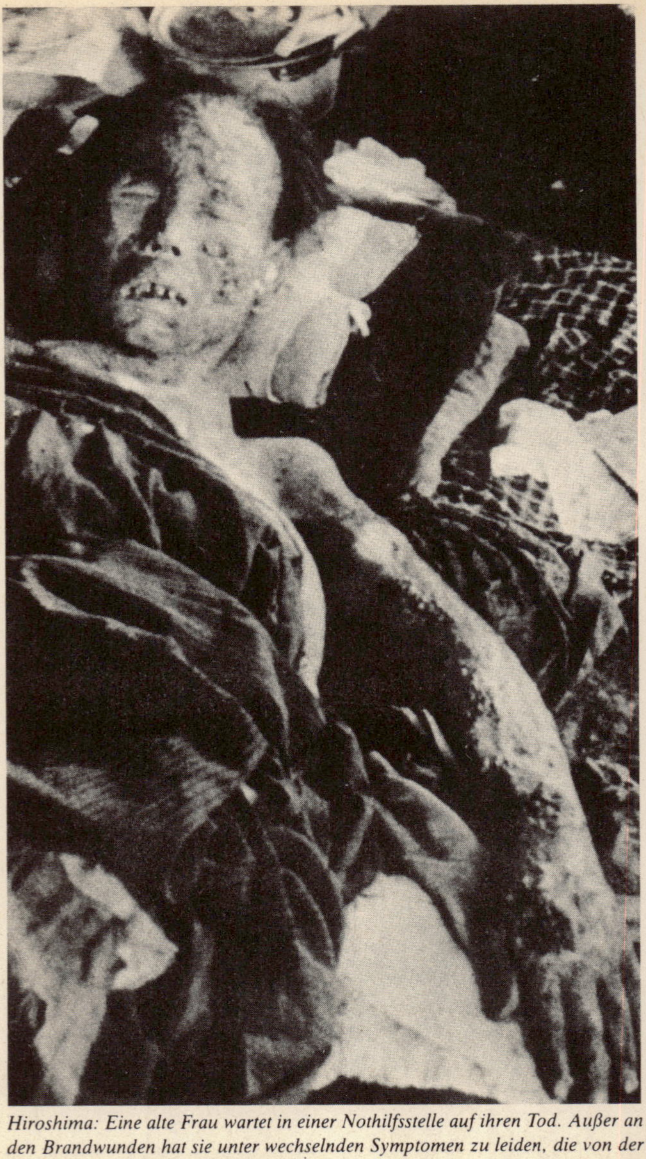

Hiroshima: Eine alte Frau wartet in einer Nothilfsstelle auf ihren Tod. Außer an den Brandwunden hat sie unter wechselnden Symptomen zu leiden, die von der radioaktiven Strahlung verursacht wurden.

Dokumente

Einführung des Präsidenten der IPPNW zum 1. Kongreß der IPPNW in Airlie, Virginia, am 20.–25. März 1981

Liebe Kollegen!

Die sprunghaft zunehmenden Atomwaffenvorräte mit stets wachsendem Zerstörungspotential bedrohen die Menschheit mit einer unvorstellbaren Katastrophe. Die Völker Nordamerikas, die Sowjetunion und Europa sind zu Geiseln des sich beschleunigenden Wettrüstens geworden. Ein Krieg ohne Sieger gefährdet nicht nur das Überleben der Menschheit, sondern auch die empfindliche Ökologie unseres Planeten.

Die mit der Verantwortung für das Leben ihrer Patienten und die Gesundheit der Gemeinschaft betrauten Ärzte müssen anfangen, ein neues Gebiet der vorbeugenden Medizin zu erkunden, nämlich die Verhinderung eines Atomkriegs.

Wir sind hier zusammengekommen, weil wir die Unvermeidlichkeit eines atomaren Konflikts nicht anerkennen. Wir haben uns hier getroffen, weil wir es ablehnen, daß die Technologie eher für Atomwaffen als für die Verbesserung der Lebensqualität eingesetzt wird. Wir haben uns hier getroffen, weil wir nicht glauben, daß Differenzen zwischen politischen Systemen durch den Einsatz von Atomwaffen gelöst werden können. Wir haben uns hier getroffen, weil wir immer noch daran glauben, daß die Menschheit das, was sie hervorbringt, auch kontrollieren kann.

Es ist unser Ziel, die Ärzte weltweit auf die tödliche Gefahr für die öffentliche Gesundheit aufmerksam zu machen. Unsere Hoffnung ist, daß die Ärzte mithelfen werden, ihre Gemeinschaften zu erziehen, denn nur eine aufgeklärte und informierte Bürgerschaft kann den Lauf der Dinge verändern.

Präambel der Gründungserklärung der IPPNW

Ein Atomkrieg wäre die letzte Katastrophe für Menschheit und Umwelt.

Das menschliche Leben und die menschliche Gesundheit würden unmittelbar und langfristig in einem noch nie dagewesenen Ausmaß zerstört, wodurch das Überleben der Zivilisation selbst bedroht wäre.

Die Gefahr seines Ausbruchs besteht in einem hohen Maße, und sie nimmt ständig zu.

Selbst ohne daß es zum Atomkrieg kommt, werden unschätzbare und begrenzte Ressourcen unproduktiv auf das nukleare Wettrüsten verschwendet, wobei wesentliche menschliche, soziale, medizinische und ökonomische Bedürfnisse unbefriedigt bleiben.

Aus diesen Gründen müssen die Ärzte in allen Ländern für die Verhinderung eines Atomkriegs kämpfen und sich für die Beseitigung aller Atomwaffen einsetzen.

Die Ärzte können eine besonders wichtige Rolle spielen, weil sie

1. zur Verhinderung von Krankheiten, zur Heilung der Kranken und zum Schutz des menschlichen Lebens berufen sind;

2. besondere Erkenntnisse über die Probleme der medizinischen Versorgung im Atomkrieg besitzen;

3. ohne Rücksicht auf nationale Grenzen mit ihren Kollegen zusammenarbeiten können;

4. Erzieher sind, die sich selbst, ihre Kollegen im Heilberuf und die allgemeine Öffentlichkeit informieren können.

Frankfurter Erklärung der IPPNW

Ich halte alle Maßnahmen und Vorkehrungen für gefährlich, die auf das Verhalten im Kriegsfall vorbereiten sollen. Ich lehne deshalb als Arzt jede Schulung oder Fortbildung in Kriegsmedizin ab und werde mich daran nicht beteiligen. Das ändert nichts an meiner Verpflichtung und Bereitschaft, in allen Notfällen medizinischer Art meine Hilfe zur Verfügung zu stellen und auch weiterhin meine Kenntnisse in der Notfallmedizin zu verbessern.

Da ein Krieg in Europa nach überwiegender Expertenmeinung unter Benutzung der modernen Massenvernichtungswaffen geführt werden würde, muß er absolut unmöglich gemacht werden. Jede Vorbereitungsmaßnahme indessen, die von seiner Möglichkeit ausgeht, fördert indirekt die Bereitschaft, sich auf etwas einzustellen, was um jeden Preis verhindert werden muß. Deshalb erkenne ich als Arzt nur eine einzige auf den Kriegsfall bezogene Form der Prävention an, nämlich die Verhütung des Krieges selbst mit allen Anstrengungen, zu denen ich mein Teil beizusteuern entschlossen bin.

Entschließung des 85. Deutschen Ärztetages zur Katastrophenmedizin

Der 85. Deutsche Ärztetag faßte am 13. Mai 1982 in Münster folgende Entschließung zu Tagesordnungspunkt II a (Ärztetagsdrucksache Nr. II a–26)

Niemand kann der atomaren, chemischen und bakteriologischen Kriegsdrohung der Gegenwart gleichgültig gegenüberstehen, sie bedroht die ganze Menschheit. Als Ärzte warnen wir alle verantwortlich denkenden und handelnden Bürger vor der sich anbahnenden Katastrophe der Menschheitsgeschichte.

Die Aufgabe aller Bürger ist es, jedem Krieg entgegenzuwirken, denn jeder Konflikt kann zur nuklearen Katastrophe eskalieren. Im Sinne einer langfristigen, konsequenten Friedenspolitik ist es erforderlich, daß

1. bei den Völkern in Ost und West Feindbilder abgebaut werden und wechselseitiges Vertrauen aufgebaut wird,
2. die Bevölkerung über die Folgen und Wirkung insbesondere der

atomaren, chemischen und bakteriologischen Massenvernichtungsmittel rückhaltlos aufgeklärt wird,

3. keine weiteren Massenvernichtungsmittel entwickelt und die vorhandenen Bestände in allen Teilen der Welt kontrolliert und abgebaut werden.

Niederschrift
über die Sitzung des Ausschusses und der Ständigen Konferenz »Sanitätswesen in der Bundeswehr und Zivilschutz« am 26. Februar 1983 im Hause der Bundesärztekammer

Vor Eintritt in die Tagesordnung begrüßt Dr. Osterwald die Sitzungsteilnehmer und insbesondere als Gäste den Inspekteur des Sanitäts- und Gesundheitswesens der Bundeswehr, General-Oberstabsarzt Dr. Linde, in seiner Begleitung Oberfeldarzt Dr. Tegtmeier.

Der Vorsitzende weist darauf hin, daß der Tagesordnungspunkt 1.) »Die sanitätsdienstliche Versorgung der Britischen Streitkräfte während des Falklandkonfliktes« heute entfallen muß, da Viceadmiral Sir John Harrison erkrankt sei. Er sagte zu, am 29. 4. 1983 für das Referat zur Verfügung zu stehen. Es wird angeregt, zu dem genannten Referat die Mitglieder des Vorstandes der Bundesärztekammer, Vertreter der Kassenärztlichen Bundesvereinigung, des Zentralinstitutes ebenso einzuladen wie die Inspektion des Sanitäts- und Gesundheitswesens. Die weitere Tagesordnung wird in folgender Reihenfolge behandelt:

1.) Stand der Beratungen eines Gesundheitssicherstellungsgesetzes,
2.) Ärztliche Versorgung beim Einsatz von Atomwaffen
3.) a.) Entwurf eines Gesetzes zur Änderung des Wehrrechtes und des Zivildienstrechtes,
   b.) vorläufige Bestimmungen über die Nebentätigkeit von Sanitätsoffizieren,
   c.) Auswahlverfahren für Sanitätsoffiziersanwärter,
   d.) Weiterbildung in der Behandlung verstrahlter Personen.

Zu TO 1.): Stand der Beratungen eines Gesundheitssicherstellungsgesetzes
Mit Rundschreiben vom 1. 4. 1982 wurde der Entwurf eines Gesundheitssicherstellungsgesetzes der Fraktion der CDU/CSU dem Ausschuß und der Ständigen Konferenz zur Kenntnis gebracht. In Ergänzung hierzu wurde mit Rundschreiben vom 8. 6. 1982 zum Beratungsstand eines Referentenwurfes zu einem Gesundheitsschutzgesetz Stellung genommen. Dr. Otto informiert den Ausschuß und die Ständige Konferenz über den »Referentenentwurf eines Gesetzes zur Organisation des gesundheitlichen Zivilschutzes (SPD)«, Referent: Ministerialrat Jelen, Bundesgesundheitsministerium für Jugend, Familie und Gesundheit, und legt hierzu eine vergleichende Bewertung des CDU-Gesetzentwurfes und des Referentenentwurfes (SPD) vor. Hierbei stellt er heraus, daß der CDU/CSU-Entwurf bereits *vor* dem Spannungsfall (§ §10,11,12), der SPD-Entwurf erst im Spannungs*zustand* greift, letzterer jedoch verwaltungsjuristisch straffer gefaßt sei.

Der SPD-Entwurf verzichtet im Rahmen der personellen Erfassung auf besondere Meldebestimmungen. Erst im Spannungsfall werden alle ehemals in Heilberufen Tätige von den Rentenversicherungsträgern an die Bundesanstalt für Arbeit gemeldet (§6 (3)), welche diesen Personenkreis an die Arbeitsämter weitermeldet. Die zuständigen Behörden können dann dort Personal im Rahmen der Personalergänzung anfordern.

Zivildienstleistende werden hierbei jedoch nicht erfaßt.

Nach dem CDU/CSU-Entwurf wird Personal über die Meldepflicht bereits innerhalb der Vorbereitung erfaßt (§4 (5 und 6)). Maßnahmen zur Aufrechterhaltung der ambulanten Versorgung sind im Rahmen des CDU/CSU-Entwurfes auf Rechtsverordnungen angewiesen, die Formulierungen des SPD-Entwurfes sind diesbezüglich klar und kurz gefaßt.

Der SPD-Entwurf sieht im Hinblick auf Ausbildung, Fortbildung im Rahmen des Zivilschutzes ebenso wie bezüglich der Durchführung von Übungen keine Maßnahmen vor. Dies ist im CDU/CSU-Entwurf in den § §4 (8) und 5 geregelt.

Zur Regelung der zivilmilitärischen Zusammenarbeit empfiehlt sich eine Synthese beider Entwürfe.

Der Vorsitzende stellt heraus, daß eine Meldepflicht unumgänglich sei und eine Synthese beider Entwürfe erarbeitet werden sollte. Dies wird dadurch unterstrichen, daß die Katastrophenschutzgesetze der Länder bundesweit nicht aufeinander abgestimmt sind und hierfür kein Organisationsgesetz vorliegt.

Nach eingehender Beratung wird vereinbart, daß der Referentenentwurf eines Gesetzes zur Organisation des gesundheitlichen Zivilschutzes (SPD) mit einem Rundschreiben versandt werden soll, um als Beratungsunterlage für den 29. 4. 1983 zu dienen. Nach einer abschließenden Meinungsbildung zu beiden Entwürfen soll dann dem Vorstand der Bundesärztekammer eine Empfehlung vorgelegt werden, wie beide Entwürfe zusammengeführt werden könnten. Der Inspekteur des Sanitäts- und Gesundheitswesens verweist darauf, daß hierbei auch auf die Erfahrungen der Übung WINTEX-CIMEX 83 zurückgegriffen werden kann. Die Ausschußempfehlung solle darüber hinaus in einen Beschlußantrag für den Deutschen Ärztetag in Kassel münden, dem Vorstand der Bundesärztekammer als Grundlage für Gespräche mit dem Bundesminister für Jugend, Familie und Gesundheit dienen.

Zu TO 2.) Ärztliche Versorgung beim Einsatz von Atomwaffen
Bei der gegenwärtig geführten Diskussion um die Verhinderung eines Atomkrieges wird von der unrealistischen Auffassung ausgegangen, daß ein zu befürchtender nächster Krieg ein Atomkrieg mit dem

Einsatz von A-Waffen im Megatonnenbereich sei. Für diesen Fall besteht übereinstimmend die Auffassung, daß eine ärztliche Versorgung nicht mehr möglich ist. Diese Hypothese wird jedoch als unrealistisch und unwahrscheinlich bezeichnet.

Im Rahmen strategischer und taktischer Überlegungen der Machtblöcke – Nato und Warschauer Pakt – muß jedoch davon ausgegangen werden, daß ein evtl. umkämpftes Gebiet wieder betretbar sein muß, um für eine Partei wieder nutzbar zu sein. Von dieser Überlegung ausgehend ist der Einsatz von A-Waffen im Kilotonnenbereich eher wahrscheinlich. Auch bei dem taktischen Einsatz von Thermonuklearwaffen mit lokaler Begrenzung ergibt sich das Problem der Randzonenbildung. Dies gilt in besonderem Maße für den möglichen Einsatz von SS 20-Raketen mit Mehrfachgefechtsfeldköpfen, deren lokal begrenzte Wirkung die Voraussetzungen für den Einsatz konventioneller Waffen schaffen würde. Es dürfte anzunehmen sein, daß bei Einsatz von A-Waffen zunächst 450 Ziele in Westeuropa ausgeschaltet werden. Ausgehend von einem solchen, taktischen A-Waffeneinsatz im Kilotonnenbereich muß mit vielen, verstrahlten und zerstörten Herden mit umfangreichen Randzonenbildungen gerechnet werden. Im Bereich der Randzonen wird eine mögliche Verletztenlage ärztliche Hilfsmaßnahmen zwingend erforderlich machen. Hier ist die Schadensbekämpfung von außen und dementsprechend ärztliche Hilfe von außen nötig. Für diesen Fall muß ärztliche Hilfe *qualifiziert* vorbereitet sein.

Nach einem möglichen Einsatz von A-Waffen im Kilotonnenbereich ist mit dem Einsatz von chemischen und biologischen Waffen ebenso zu rechnen wie mit dem Einsatz konventioneller Waffen. Dementsprechend müssen sanitätstaktische Maßnahmen auch die Vorbereitung eines möglichen Einsatzes dieser Waffen mit einschließen.

In der öffentlichen Diskussion um die »Verhinderung eines Atomkrieges« wird nahezu grundsätzlich verschwiegen, daß die Gefährlichkeit und Wertigkeit konventioneller, biologischer und chemischer Waffen heute weitaus höher einzustufen ist als noch im 2. Weltkrieg.

Technologie und Feuerkraft sind nicht zu vergleichen mit den damals eingesetzten Waffen. Dementsprechend sind die zu erwartenden Gesundheitsschäden durch den Einsatz derartiger Waffen weitaus größer einzuschätzen.

Bei der angstinduzierenden Schilderung eines möglichen atomaren Holocaust wird auch eine andere Gefahr der Anwendung thermonuklearer Waffen nicht erwähnt, nämlich der Einsatz strategischer A-Waffen: Die Detonation einer A-Bombe im Megatonnenbereich in ca. 300–400 km Höhe, die zu einem »elektromagnetischen Puls« führt mit der Folge des totalen Ausfalls sämtlicher elektrischer Geräte. Ein derartiger Einsatz strategischer Waffen führt konsekutiv zum Einsatz konventioneller, biologischer und chemischer Waffen im Streit um die Machtbereiche.

Ausschuß und Konferenz sind der Auffassung, daß sanitätstaktische Überlegungen im Rahmen des Zivilschutzes und der Wehrmedizin auch auf solche potentielle Gefahren im Rahmen der Vorbereitungsmaßnahmen abstellen müssen. [...]

Zu TO 3.) c) Auswahlverfahren für Sanitätsoffizieranwärter

Dr. Hundt trägt den Fall eines Sanitätssoldaten/Abiturienten vor, der eine ausgesprochen gute dienstliche Beurteilung erhalten habe, jedoch auf Grund seiner relativ schlechten Abiturnote für die Laufbahn eines Sanitätsoffizieranwärters von seiten des Personalstammamtes der Bundeswehr abgelehnt wurde.

Der Inspekteur des Sanitäts- und Gesundheitswesens verweist auf das Kontingent von 2% der Studienplätze, die laut Staatsvertrag von seiten der Länder für Sanitätsoffizieranwärter einerseits, andererseits für Anwärter für die Laufbahn des Arztes im Öffentlichen Gesundheitsdienst zur Verfügung stehen. Im Rahmen dieses Staatsvertrages wurde dem BMVg die Auflage gemacht, daß der Durchschnittswert der Abiturnote 2,5 nicht überschreiten dürfe. Auf Grund dieser Verwaltungsvereinbarung ist es dem BMVg - PSA Bw - nicht möglich, anders zu verfahren, d.h. Bewerber mit einer schlechteren Abiturnote als 2,5 für die Laufbahn des Sanitätsoffizieranwärters zuzulassen.

Zu TO 3.) d) Weiterbildung in der Behandlung verstrahlter Personen

PD Dr. Doppelfeld trägt das Anliegen der Deutschen Gesellschaft für Nuklearmedizin vor, die Behandlung verstrahlter Personen in den Weiterbildungskatalog für das Gebiet Nuklearmedizin aufzunehmen.

Unter der Berücksichtigung, daß im Falle des Einsatzes von taktischen A-Waffen im Kilotonnenbereich die Randzonenbildung verantwortlich für die Behandlung von verstrahlten Patienten sein könnte, befürworten Ausschuß und Konferenz eine Ergänzung der »Richtlinien über den Inhalt der Weiterbildung« für die Gebiete »Nuklearmedizin« und »Radiologie« mit dem Ziel, Kenntnisse und Erfahrungen über die Behandlung verstrahlter Patienten in dem Weiterbildungsgang zu verankern.

Weitere Wortmeldungen liegen nicht vor. Dr. Osterwald schließt die Beratungen mit Dank an die Teilnehmer für die rege Diskussion.

Ist die gegenwärtig betriebene katastrophenmedizinische Fortbildung sinnvoll und ärztlich vertretbar?
Podiumsdiskussion auf dem 2. Medizinischen Kongreß zur Verhinderung des Atomkrieges, Berlin, 20. 11. 1982

Teilnehmer:
Prof. Dr. Bernd Domres, Chirurgische Klinik
Eberhard-Karls-Universität, Tübingen
Prof. Dr. Ulrich Gottstein, Chefarzt
Medizinische Klinik des Bürgerhospitals, Frankfurt/M.
Dr. Helmut Koch, Internist, Gaggenau
Mitglied der Südwestdeutschen Ärzteinitiative gegen Atomenergie
Dr. Niels Pörksen, Leiter der Psychiatrischen Klinik Häcklingen
Deutsche Gesellschaft für Soziale Psychiatrie
Dr. Knut Sroka, Praktischer Arzt, Hamburg
Mitglied der Hamburger Ärzteinitiative gegen Atomenergie
Moderation: *Frau Luc Jochimsen,* Hamburg
Mitarbeiterin des NDR

Frau Jochimsen: Diese Podiumsdiskussion wird anders verlaufen, als sie geplant war, weil die Gegenseite, die Seite der Befürworter der gegenwärtig betriebenen katastrophenmedizinischen Fortbildungen sich zum größten Teil die Ehre gegeben haben, hier nicht zu erscheinen. Die Veranstalter haben eine Liste von Absagen bekommen:

Vom Präsidenten der Bundesärztekammer, *Herrn Dr. Karsten Vilmar,*

von der Deutschen Gesellschaft für Katastrophenmedizin, *Herrn Dr. R. Kirchhoff,*

vom Inspekteur des Sanitäts- und Gesundheitswesens beim Bundesministerium der Verteidigung, *Herrn Dr. H. J. Linde,*

von der Bundesministerin für Jugend, Familie und Gesundheit, *Frau Anke Fuchs,*

vom Referenten des Bundesministers für Jugend, Familie und Gesundheit, *Herrn Jelen,*

vom Bundesminister für Jugend, Familie und Gesundheit, *Herrn Dr. Heiner Geißler,*

vom Präsidenten des Bundesamtes für Zivilschutz, *Herrn Dr. P. W. Kolb,*

vom Leiter des Laboratoriums für Experimentelle Radiologie, *Herrn Prof. Dr. O. Messerschmidt,*

vom Direktor der Chirurgischen Klinik der Ludwig-Maximilians-Universität München, *Herrn Prof. Dr. G. Heberer,* vom Direktor des Instituts für Anästhesiologie der gleichen Universität, *Herrn Prof. Dr. K. Peter,*

von der Bayerischen Ärztekammer, *Herrn Dr. K. Stordeur,*

vom Chefarzt der Chirurgischen und Unfallabteilung des Marien-Hospitals, Erftstadt, *Herrn Dr. Chr. Biesing,*

vom Direktor der Medizinischen Klinik Innenstadt der Universität München, *Herrn Prof. Dr. E. Buchborn,*

von den Beratern der Bundesärztekammer, *Herrn Prof. Dr. Ernst Rebentisch* und *Herrn Dr. Rudolf Brickenstein.*

Die Absagen der Damen und Herren Befürworter sind also mehr als zahlreich. Um so wichtiger ist es vielleicht, den einen Befürworter, der nun heute hierher nach Berlin gekommen ist, um den Standpunkt dieser Seite zu vertreten, besonders herzlich zu begrüßen.

Prof. Domres ist Oberarzt in der Chirurgischen Universitätsklinik Tübingen bei Prof. Koslowski. Ich dachte, es wäre vielleicht ganz sinnvoll, wenn er als erster hier auf dem Podium das Wort ergreift, nachdem wir ja im Laufe des Vormittags die Gelegenheit gehabt haben, sehr viele Einstellungen, Positionen zu der anderen Seite zu bekommen. Ich wollte die Podiumsveranstaltung auch so strukturieren, daß wir jetzt hier nicht jeden vorstellen mit Knicks und kurzem Kopfnicken, sondern daß jeweils, wenn die Wortmeldungen da sind, Ihnen dann die entsprechenden Vertreter bekannt gemacht werden. Herr Prof. Domres, wenn Sie dann vielleicht anfangen würden.

Prof. Domres: Nun, ich bedanke mich zunächst für die Einladung und darf Ihnen bestätigen, daß ich nicht hergekommen bin aufgrund einer intellektuellen Rauflust, sondern weil es hier um ein ernstes Ziel geht, wobei ich bedaure, daß dieses Ziel nicht von der gesamten deutschen Ärzteschaft vertreten werden kann, weil der Weg Hindernisse bereitet. Ich meine die Ablehnung der Katastrophenmedizin an sich. In diesem Zusammenhang möchte ich daran erinnern, daß seit 1945 eine Million Menschen allein durch Erdbeben, also eine Naturkatastrophe, zu Tode gekommen sind. Und wenn Sie sich entschließen, sich nicht in Katastrophenmedizin fortzubilden, dann nehmen Sie Menschenleben in Kauf und auch Verstümmelungen, Verluste von Extremitäten, und ich meine, dieser Preis auf dem Weg zu Ihrem wichtigen Ziel kann nicht gezahlt werden. Und insofern ist von der Mehrheit der Ärzte nicht nachvollziehbar, daß Sie im Interesse der Prävention alles unterordnen. Mir als Mediziner ist eigentlich nur eine Erkrankung bekannt, bei der es keine Therapie gibt, zumindest auf chirurgischem Sektor, und das ist Lyssa, also die Tollwuterkrankung, bei der nur Vorkehrungen und Prävention helfen. Aufgrund meiner persönlichen Erfahrung in Katastropheneinsätzen und auch bei konventionellen Kriegen, nämlich dem Bürgerkrieg in Kambodscha über ein Vierteljahr in einem Feldlazarett und einem Erdbebeneinsatz, bei dem ich ein Lazarett in El Asnam (Nordalgerien) 1980 aufgebaut habe, und meine Erfahrungen in diesem Jahr im Libanonkrieg veranlassen mich, hier klar zu sagen, daß man vorbereitet sein muß, wenn man helfen können will.

Ich spreche jetzt von den zivilen und naturbedingten Katastrophen. Zur Bewältigung dieser Katastrophen muß sich jeder auch ein Know-how auf medizinischem Gebiet aneignen, um seinem hippokratischen Eid, der von Ihnen ja auch immer zitiert wird, gerecht zu werden.

Was sind die Besonderheiten – damit will ich dann schließen – der Katastrophenmedizin? Sie liegen sowohl auf diagnostischem Sektor als auch auf therapeutischem, und hinzu kommen noch organisatorische Kenntnisse, die jeder Arzt für diesen Fall haben muß: diagnostisch die oft zitierte Triage, darüber hinaus aber auch das Arbeiten mit einfachen Mitteln ohne Röntgen oder Sonographie. Das habe ich bereits gelernt durch wiederholte Aufenthalte und Arbeiten – in Missionshospitälern in Afrika. Es ist mir sehr zustatten gekommen auch bei Einsätzen kriegsmedizinischer Art. Denn therapeutisch müssen wir auf bestimmte Behandlungsmethoden und auf Materialien verzichten, die wir im Individualfall zur Verfügung haben. Als Unfallchirurg möchte ich nur daran erinnern, daß z. B. Osteosynthese, also die Stabilisierung mit Metall an Knochenbrüchen, eine Kontraindikation im Katastrophenfall ist. Und organisatorisch vielleicht nur ein Hinweis: Wenn alle Ärzte, die hier sind, in einer Rettungsorganisation mitarbeiten würden, könnten wir uns sehr viel Diskussion und auch Fortbildung auf dem Sektor Katastrophenmedizin ersparen. Aber das ist typisch für uns Ärzte, daß wir diesen Schritt, uns anzubinden an eine Organisation, scheuen. Wir wollen alle helfen, möglichst aber nur mit Stethoskop bereit sein ohne Vorbereitung und sagen, dann geht es schon gut. Das ist eben der Fehler. Es gehört die Einbindung in einen organisatorisch vorgeplanten Rahmen dazu. Und vieles würde halt erleichtert, wenn wir Ärzte auch diese Rettungsorganisationen unterstützen würden.

Fr. Jochimsen: Das ist eine Position, die gleichzeitig ein Bündel von Vorwürfen gegen das enthält, was wir heute gehört haben. Als nächstes soll geschildert werden, wie diese Art von Fortbildung stattfindet. Niels Pörksen, Leiter der Psychiatrischen Klinik in Häcklingen bei Lüneburg, und Helmut Koch waren zu unterschiedlichen Zeiten bei unterschiedlichen Lehrgängen dieser katastrophenmedizinischen Fortbildung. Es ist interessant zu hören, was sie dort erlebt haben und was das bei ihnen ausgelöst hat.

Dr. Pörksen: Ich bin unvorbereitet, aber ich will versuchen zu schildern, was ein Kollege der Klinik und ich vor 14 Tagen im

Bundeswehrkrankenhaus Bad Zwischenahn bei Oldenburg erlebt haben. Das Thema hieß »Ärztlicher Einsatz bei zivilen Katastrophen«; eingeladen hatte die Ärztekammer Niedersachsen. Der Präsident war damals nicht verhindert und referierte auch gleich zu Anfang vor den etwa 130 anwesenden Personen, von denen etwa ein Drittel in Uniform erschienen war. Für mich eigentlich überraschend sagte er kein Wort zur Prävention, sondern handelte das Thema als Managementproblem ab, an dem sich die Ärzte nun endlich zu beteiligen hätten. Er erwähnte die hervorragenden Erfahrungen der Israelis während des Nahost-Krieges in Sachen Knochenchirurgie, die nun unmittelbar in die Katastrophenmedizin Eingang gefunden hätten. Ferner war er der Auffassung, daß die Tatsache, daß sich 40% der niedergelassenen Ärzte Niedersachsens spontan zur Beteiligung an der Katastrophenmedizin bereit erklärten, dafür spricht, daß auch hier endlich ein offenes Feld bearbeitet wird. Irritiert hat uns diese gewisse Naivität, mit der das Ganze angepackt wurde, und zum anderen das fehlende Eingehen auf Prävention, die ja zum ärztlichen Handeln gehört. Irritiert hat uns dann bei der anschließenden Diskussion über diese einleitenden Worte auch die Reaktion der restlichen Teilnehmer auf unsere Frage, ob diese Fortbildung in einem Bundeswehrkrankenhaus nicht geeignet sei, diese in Richtung Vorbereitung des Kriegsfalles zu verstehen. Unsere Frage löste bei den Anwesenden ein typisch militärisches Lachen aus, dieses kurze, abgehackte Lachen. Die anwesenden Herrschaften wurden vom Präsidenten der Ärztekammer zur Ordnung gerufen: man möge doch bitte die kritischen Stimmen, die inzwischen aufgetaucht seien, ernst nehmen. Auf meine Frage, was denn die Ärztekammer tue, um diesen Eindruck abzubauen, kam allerdings keine Antwort mehr. Die Kaffeepause war angesagt und anschließend praktische Übungen zur Triage vorgesehen.

Weiterhin irritierend waren für mich zwei Referate von Unfallchirurgen, weil nicht das Sachliche entscheidend war, sondern solche Aussagen wie: *»Leichtverletzte schreien am lautesten, brauchen am wenigsten, stören am meisten, haben am wenigsten. Die müssen möglichst schnell weggeschafft werden.«* Dies ist ein wörtliches Zitat von Herrn Suren aus der Abteilung Unfallchirurgie der Medizinischen Hochschule Hannover. Ich will ihn nicht persönlich anschwärzen, sondern will deutlich machen, was auch Eberhard Weber in seinem Referat bereits gesagt hat: Wenn man das Wesen der Triage zu Ende denkt, kommt man nicht nur nicht darum herum zu fragen, wer ist am schwersten oder am wenigsten verletzt, sondern auch: wen brauche ich am meisten, wen am wenigsten.

Und natürlich kamen im Anschluß an die praktischen Übungen, die wir ableisten mußten, auch solche Fragen: *»Ja, wie ist es denn«* – wir waren ja nur Soldaten, die geschminkt waren als Schwerverletzte – *»wie ist es denn, wenn da eine Oma ist«* oder *»wie ist es denn da mit den Kindern. Wen soll man denn da zuerst nehmen?«* Und das Gefährliche dieser Übungen ist ja nicht, daß man im Notfall nicht handeln soll – da stimmen wir ja mit Ihnen jederzeit überein.

Wer da durch einen Saal läuft und innerhalb von 30 Minuten 25 Schwerverletzte in die vier (Triage-) Gruppen einteilen soll, der weiß, wie gefährlich das ist, was man da tut. Obwohl seit 20 Jahren Psychiater ohne Chirurgieerfahrung, waren wir nicht ›schlechter‹ als die Chirurgen, die neben uns gesessen haben. Da würde ich doch Eberhard Weber Recht geben und sagen, dann laßt es lieber sein, macht es wie in Spanien, transportiert sie alle ab und macht Schocktherapie, und macht nicht etwas, was möglicherweise hinterher doch nach Euthanasie riecht.

Noch ein Wort zu dem Bundeswehrarzt, der dort auch referierte und gesagt hat: *»Wir als Bundeswehr sind natürlich froh, daß wir im Bereich der Katastrophen eine Möglichkeit der realistischen Fortbildung für uns haben. Sonst sind wir ja aus dem medizinischen Betrieb heraus. Aber bei Katastrophen dürfen wir ja hinzugezogen werden.«*

Für mich war dies eine Übung, die zwar angekündigt war als ärztlicher Einsatz bei zivilen Katastrophen, aber ganz eindeutig hat der militärische Rahmen dabei eine Rolle gespielt.

Dr. Koch: Im Rahmen der Karlsruher Therapiewoche wurde eine Fortbildungsveranstaltung in Katastrophenmedizin angekündigt und durchgeführt: *»Psychiatrische Probleme in der Katastrophe«.* Referent war der Schweizer Dr. Guggenbühl. Die Südwestdeutsche Ärzteinitiative zur Verhütung des Atomkrieges hatte sich formiert und auf einem Flugblatt angekündigt, an diesem Diskussionsabend teilzunehmen. Wir zogen nun los mit 15 Männlein und Weiblein. Und das war eigentlich eine ganz unheimliche Atmosphäre: Das Ärztehaus in Karlsruhe mit dem offiziellen Parkplatz – irgendwo haben wir das, glaube ich, ja alle mitfinanziert – man steigt da aus und spürt plötzlich eine enorm hohe elektrische Spannung in der Luft. Ich wußte wirklich nicht warum, aber die war da, bis man sich genauer umsah und dann im Gebüsch Maschinenpistolen auf sich gerichtet sah. Wir entdeckten dann in einem kleinen Seitenweg mehrere Polizei-Bereitschaftswagen, und es waren – ich weiß nicht wieviel – vielleicht an die 10 Polizisten im Gebüsch versteckt und befürchteten wohl ganz, ganz Schlimmes von uns. Der Zugang zum Saal des Abends, wo in Wehrmedizin fortgebildet wurde, war mit Hindernissen gepflastert. Hier eine Kontrolle, da eine – ich möchte fast sagen – Leibesvisitation, dort eine Kontrolle, unwahrscheinliche Aufregung unter den Wehr- und Katastrophenmedizinern.

Nun gut, wir kamen nicht alle hinein, aber einige schafften es, hatten die Schleusen überwunden und die Hindernisse. Es war allerdings etwas anders als bei Niels Pörksen, es war lediglich ein Vortrag. Auf den Inhalt möchte ich nicht eingehen. Ich sage nur: Stichwort Brickenstein. Ohne Triageübungen, aber mit anschließender Diskussion. Und da entstand für uns dann das Problem, in die Diskussion einzugreifen. Wir hatten uns im Raum verteilt, so daß nicht alles immer aus einer – aus der linken oder welchen auch immer – Ecke kam. Aber es war bei der ersten Wortmeldung schon so, daß wir nach drei, vier Sätzen wohl richtig erkannt wurden und dann durch Buh-Rufe und »Schluß« und »Aus« und: »Wir wollen das nicht diskutieren; wir wollen hier sachlich weiterdiskutieren« praktisch keine Möglichkeit gegeben war, uns – na sagen wir mal unser Problem detaillierter darzustellen.

Wir hatten vielleicht jeder einmal eine Chance. Beim zweiten Mal kam man schon gar nicht mehr zu Wort. Da wurde es nicht mehr zugelassen, ein paar Sätze abzugeben. Doch irgendwo hat das ein Körnchen in das Getriebe gebracht. So würde ich das werten.

Sehr nett war die Frage von einem Kollegen, mit welcher Berechtigung dieser Herr Guggenbühl aus der Schweiz als Wehrmediziner jetzt in Deutschland eine Fortbildungsveranstaltung mache zu psychiatrischen Problemen in der Katastrophe. Und Herr Guggenbühl antwortete, er sei Eheberater und dort gebe es auch etliche Katastrophen.

Fr. Jochimsen: Als nächstes wollte uns Prof. Gottstein vortragen, was eigentlich sein spezielles Dilemma ist, was dieses Thema angeht.

Prof. Gottstein: Ja, dann würde ich eigentlich sagen, es ist unser aller Dilemma. Ich meine, daß wir die Ausführungen von Herrn Domres mit großer Hochachtung gehört haben. Ich finde es ganz toll, daß er sich zur Verfügung gestellt hat, nicht nur in Missionskrankenhäusern zu arbeiten, sondern auch unter primitiven Bedingungen im Rahmen von Rettungsorganisationen Hilfe geleistet hat. Ich kann daher gut verstehen, daß er sich für die Katastrophenmedizin sehr einsetzt. Aber wir müssen natürlich fragen, ob wir uns in Katastrophenmedizin ausbilden wollen für solche Einsätze in Südamerika oder ob wir, wie man es von uns erwartet, uns ausbilden sollen für Katastrophen in Deutschland. Und da ist eben die Frage, wie viele Erdbeben haben wir denn eigentlich gehabt und mit wie vielen Menschen, die dort ihre Beine oder ihr Leben verloren haben. Das ist doch Gott sei Dank nicht der Fall gewesen.

Und wenn wir an die Katastrophen denken, die wir gehabt haben, nämlich die Überschwemmungskatastrophe in Hamburg oder das große Unglück mit der Bombe auf der Oktoberwiese in München, dann sind das alles Katastrophen gewesen, die ja schließlich von den Ärzten sehr gut bewältigt wurden. Und ich hätte überhaupt nichts dagegen, wenn die Feuerwehr und die Polizei und die Hubschraubermannschaften noch besser übten, wie man rasch Verletzte zu Krankenhäusern bringt. Ich hätte auch nicht mal etwas dagegen – und das sage ich jetzt ganz besonders, weil wir ja unentwegt von den Laien, von unseren Patienten gefragt werden, *»warum verweigert ihr euch?«* – ich hätte also auch gar nichts dagegen, wenn wir sagen würden, gut, alle diejenigen, die es nötig haben, sollen noch einmal die Notfallmedizin lernen oder darin geübt werden, wie beatmet man, wie macht man Herzmassage, wie macht man eine Schockbehandlung, wie lagert man einen Verunglückten auf der Autobahn, daß die Querschnittslähmung nicht total wird. Also gegen eine Unfallmedizin und Notfallmedizin habe ich nichts, in der Tat nicht. Auch Rettungswächter, die die Patienten in unsere Klinik bringen, sagen oftmals: *»Um Gottes willen, wir haben ein großes Pech gehabt auf der Autobahn. Es hat ein Wagen gehalten, und ein Arzt ist herausgekommen und hat gesagt, jetzt übernähme er das Kommando. Und dann hat sich herausgestellt, daß er noch niemals einen Verletzten gesehen hatte.«*

Das heißt, die Rettungswächter sind froh, wenn sie keinen Arzt finden. Und das heißt weiter, wir sind bereit, eine gewisse Unfallmedizin zu lernen oder uns darin weiterzubilden. Wenn man Unfallmedizin zivile Katastrophenmedizin nennen würde, hätte ich persönlich nichts gegen den Ausdruck einzuwenden.

Ich habe aber etwas dagegen, wenn ich zu einer zivilen katastrophenmedizinischen Fortbildung eingeladen werde und plötzlich merken muß, daß da Krieg gespielt wird. Da gibt es zwei Möglichkeiten, darauf zu reagieren. Die eine ist, wenn ich vorher schon weiß, daß man dort Krieg spielen will, den Grund anzugeben und zu sagen: *»Bedaure, ich kann leider nicht kommen, denn Sie wollen Krieg spielen.«* Oder ich bin bei der Veranstaltung und nun wird Krieg gespielt. Dann stehe ich auf und sage: *»Bedaure, ich kann an dieser Veranstaltung nicht mehr teilnehmen.«* Das heißt, ich persönlich würde streng unterscheiden zwischen einer zivilen Katastrophenmedizin und einer Kriegsmedizin, und das hätte – so glaube ich wenigstens – den Vorteil, daß uns niemand vorwerfen kann, wir seien unmenschlich.

Auf der Pressekonferenz, die wir gestern gehabt haben, hat ein Reporter, der eine Stunde lang zugehört hatte und eigentlich unsere Argumente verstanden haben sollte, gesagt: *»Ja, und wenn ein Jumbo auf das Fußballstadion herunterfällt und es gibt dort viele, viele Verletzte, dann verweigern Sie die Behandlung.«* Völlig unverständlich. Wie kann jemand so etwas sagen. Und ein anderer hat gesagt: *»Ja, und wenn zufälligerweise nur in Hamburg eine Atombombe gefallen ist, dann verweigern Sie die Behandlung.«*

Das heißt, die Menschen kapieren gar nicht, daß wir unterscheiden wollen zwischen einer zivilen Katastrophenmedizin und einer Kriegsmedizin.

Fr. Jochimsen: Die Frage ist: Ist diese Unterscheidung tatsächlich prägnant und präzise zu machen?

Dr. Sroka: Ja, das ist genau der Punkt, daß der Begriff Katastrophenmedizin eben sehr viel Verwirrung gebracht hat bisher. Zumindest in dem Sinne, in dem die Katastrophenmedizin uns präsentiert wurde von den Ärztekammern und in den Fortbildungsveranstaltungen. Und da muß klar gesagt werden, daß der Inhalt dessen, was bisher in den Fortbildungsveranstaltungen gelaufen ist, eben zweifelsfrei nicht – zumindest nicht schwerpunktmäßig – Unfallmedizin oder Notfallmedizin ist, sondern im wesentlichen und zentral die Triage ist, das Selektionsverfahren. Und wir sagen: die Katastrophenmedizin ist deshalb Kriegsmedizin, weil dort Triage gemacht wird.

Dieser Rahmen, daß da mal Polizei in der Nähe ist, ist für meine Begriffe nicht so entscheidend, daß die Geschichte von der Militärmedizin kommt, das wissen wir auch, aber letztlich müssen wir es doch am Inhalt packen. Und deshalb müssen wir fragen: Was ist Triage eigentlich? Und die Triage ist ausgewiesenermaßen das Grundprinzip der Kriegsmedizin. Auf ihr basiert die gesamte Kriegsmedizin. Triage hat zum Inhalt, daß man Schwerverletzten, bei denen das Überleben in Frage steht, oder auch den Schwerverletzten, bei denen mit nachhaltigen Behinderungen zu rechnen ist, jegliche Therapie, jegliche ursächliche Therapie verweigert, um das, was man an medizinischer Kapazität hat, allein den Kriegsfähigen, den wieder Dienstfähigen, zur Verfügung zu stellen.

Das heißt, die Triage ist von ihrem Inhalt her zweifelsfrei ein Euthanasieprinzip. Der Arzt hat zu entscheiden über ›lebensunwertes‹ und ›lebenswertes‹ Leben und hat alles darauf zu richten, daß eben die Kriegsfähigkeit optimal bleibt.

Und das nächste wichtige Mißverständnis ist dies, daß eben die Triage, die gegenwärtig gelehrt wird und die uns gegenwärtig als zivile Katastrophenmedizin präsentiert und verkauft wird, daß diese Triage nach den gleichen Kriterien gehandhabt wird wie die Kriegsmedizin. Eberhard Weber hat eine Reihe von Beispielen gebracht. Ich beschränke mich gern auf das Beispiel der Brandverletzten. Da heißt es in der Zentralen Dienstvorschrift für die Kriegsmedizin, daß Brandverletzte mit mehr als 50% verbrannter Körperoberfläche von jeglicher Therapie auszuscheiden sind. Man hat ihnen bestenfalls Analgetika zu geben und sie ansonsten ruhig zu lagern. Der Chef von Herrn Domres, Herr Koslowski, hat es sogar noch strenger gefaßt, jetzt allerdings nicht im Rahmen der kriegsmedizinischen Vorschriften, sondern der sogenannten katastrophenmedizinischen Vorschriften. Er sagt, schwer Brandverletzte, sogar mit nicht mehr als 40 % betroffener Körperoberfläche, sind in die Kategorie 4 – sprich abwartende Behandlung – einzugliedern, und erläutert auch: abwartende Behandlung heißt, *»... zu legen in einen ruhigen Raum, Analgetika, Sedativa zu geben..., auszuschließen von jeder kausalen Therapie.«*

Und das ist entscheidend, daß in dem, was bereits jetzt, quasi als Probelauf, schon an katastrophenmedizinischer Fortbildung läuft, daß das Triage ist – Triage im Sinne von Kriegsmedizin. Und das heißt, daß hier eben Selektion trainiert wird im Sinne des Euthanasieprinzips. Und ich möchte noch ein Wort zu diesen Fortbildungskursen sagen und auch zu den Leuten, die dort hingehen. Es ist ja geschildert worden, daß dort eben wesentlich diese praktischen Übungen stattfinden, quasi Triagekurse für Anfänger, und viele – Oberärzte sind es ja, meistens aus der Chirurgie und Anästhesie – meinen dann, eines Tages würden sie auch zugelassen werden und würden auch die Triage praktizieren müssen. Das ganz sicher nicht. Die Zentrale Dienstvorschrift schreibt vor, daß im Kriegsfall – und darauf ist das Ganze ja ausgerichtet – die Triage nur den Erfahrensten, also den erfahrensten Chirurgen bzw. den Militärärzten vorbehalten ist. Und deshalb meinen wir, wenn jetzt als Thema die Zwangsfortbildung in Triage für alle Ärzte im Raum steht, daß das alle Ärzte letztlich an das Euthanasieprinzip gewöhnen soll, damit es auch eines Tages reibungslos funktionieren kann.

Dieses Trainingsprogramm hat eben auch zum Inhalt, kriegsvorbereitend und kriegseinstimmend zu wirken. Und aus dem Grunde sagen wir ganz klar, das müssen wir verweigern, und möglichst viele Ärzte müssen das verweigern.

Fr. Jochimsen: Ich bin Laie, und wenn vorhin hier angesprochen worden ist, daß auch Reporter und Journalisten zwei oder drei Stunden solchen Vorträgen zuhören und dann immer noch Schwierigkeiten haben zu verstehen, wollte ich an dieser Stelle eine Sache einbringen. Ich finde es ja verwunderlich, daß Ärzte sich auf einmal derart substantiell auseinandersetzen mit dem Problem der Selektion, und zwar aus folgendem Grund: Weil ich als Patientin sehr oft erlebt habe, daß Ärzte eigentlich pausenlos selektieren. Nur ein Beispiel: Ich bin mal an einem Freitagnachmittag in einen Verkehrsunfall 'reingeraten und relativ leicht verletzt worden, gehörte also in diese Gruppe der Leichtverletzten, die am lautesten schreien und am wenigsten der Hilfe bedürfen, und habe ungefähr so drei oder vier Stunden in einer Unfallaufnahmestation eines Hamburger Krankenhauses gelegen. An mir vorbei wurden pausenlos andere Patienten vorgezogen und behandelt. Ich wurde z. B. noch nicht einmal richtiggehend untersucht. Wahrscheinlich haben die Ärzte mit einer Art therapeutisch-diagnostischem Fernblick gesehen, da ist es nicht weiter schlimm. Ich meine, da laufen doch ständig Selektionsprozesse ab, und vielleicht wäre es doch wichtig, das noch mal mehr zu diskutieren oder zu erläutern. Denn ich glaube, daß das für Laien, also für Patienten, eine der schwierigsten Situationen ist, Ihr Problem jetzt zu verstehen. Jemand, der ärztliche Hilfeleistung erfährt, ist im Grunde immer damit konfrontiert, daß Ärzte eigentlich selektieren. Vielleicht wäre das hier noch mal zwei Gedanken wert. – Herr Prof. Domres direkt dazu – oder?

Prof. Domres: Ja, ich würde gerne etwas zur Triage sagen, und zwar: Warum entzündet sich die Diskussion gerade an der Triage? Die Triage ist etwas, worüber man am besten in Streit geraten kann. Und um ein Mißverständnis mal auszuräumen: Sicherlich ist die Triage ein Kriterium der Kriegsmedizin. Aber auf die Triage können wir nicht verzichten im alltäglichen Leben und auch nicht bei zivilen Katastrophen. Und deshalb müssen wir für den zivilen Katastrophenfall die Richtlinien der Sichtung aufgrund von medizinischen Kriterien beherrschen. Wenn wir Mediziner nicht in der Lage sind, aufgrund rein medizinischer Kriterien einen Ablauf unserer Verfahrensweise in der Diagnostik und Therapie und des Transports zu treffen, dann passiert das, was Sie verhindern wollen, nämlich daß Andere – Fachfremde – uns vorschreiben, wie der Ablauf in der Behandlung und in der Priorität abläuft. Deshalb brauchen wir die Triage. Und eins möchte ich ansprechen, was häufig falsch dargestellt wird. Es wird der Vorwurf erhoben, wir würden uns nicht um die Schwerkranken kümmern. Das ist falsch. Ich habe selbst Triage gemacht, und es ist so: Die Gruppe derer, der wir uns zuerst zuwenden, sind lebensbedrohliche Störungen der Vitalfunktionen mit der Einschränkung, daß wir uns therapeutisch um sie kümmern, wenn sie eine Chance haben. Die Gruppe 2, das sind auch Schwerverletzte, deren Behandlung aber im Katastrophenfall 6 Stunden aufgeschoben werden kann. Zur Gruppe 3 – Leichtverletzte – brauchen wir nicht viel zu sagen.

Und die Gruppe 4 – das ist das Schwierige – das ist die Gruppe, in die die Patienten kommen – jetzt möchte ich es, damit es jeder versteht, deutlich sagen –, die auch unter Bedingungen der Individualmedizin zunächst einmal keine Chance auf Überleben haben, um die wir uns aber heute, bei den Bedingungen der Individualmedizin, natürlich kümmern und denen heute fast 80 % des gesamten Aufwandes in der Unfallchirurgie gilt. Diese Patienten werden beatmet, werden reanimiert und sterben dann vielleicht nach drei Tagen oder nach 14 Tagen auf der Wachstation, was dann als Todeszeitpunkt festgelegt wird, obwohl sie vielleicht vorher schon tot sind.

Um es klar zu sagen: Das ist die Gruppe 4, die auch – um es mal deutlich zu sagen – unter individualmedizinisch besten Bedingungen keine Chance hat. Und es wird hier keiner im Raum sein, der wohl der

Meinung ist, daß man nicht gewisse Prioritäten setzen muß in so einem Geschehen, was wir auch im alltäglichen Tun ja schon machen. Wenn wir morgens am Schreibtisch sitzen, dann legen wir das, was Zeit hat, an die Seite, und das, was dringend ist, tun wir zuerst. Diese Triage müssen wir im Kriegsfall machen, und die müssen wir auch bei zivilen Katastrophen üben. Und jeder Mediziner sollte sie beherrschen, daß allein medizinische Kriterien auch zur Anwendung kommen.

Dr. Pörksen: Also, ich denke, man darf natürlich das Kind nicht mit dem Bade ausschütten. Natürlich gilt das für jeden Beruf, daß man lernt, Wichtiges von Unwichtigem zu unterscheiden und erst vitale Funktionen wiederherzustellen, ehe man sich um Details kümmert. Das sind Selbstverständlichkeiten. Und diese Selbstverständlichkeiten zu lernen, sind auch Selbstverständlichkeiten. Aber um das aufzunehmen, was Herr Gottstein vorhin sagte: Wie kommt es denn auf einmal, daß wir bei so wenigen kleinen Katastrophen, die im Laufe der letzten 20 Jahre in diesem Land passiert sind, plötzlich einer Art von paramilitärischer Schulung unterzogen werden, die es sonst im ganzen Bereich der Medizin nicht gibt?

Natürlich wollen wir Leuten helfen. Es ist geradezu absurd, uns den Vorwurf zu machen, wir wollten nicht helfen. Über diesen Vorwurf kann man auch ganz gelassen hinwegsehen. Man kann aber nicht darüber gelassen hinwegsehen, sich als Mediziner zu qualifizieren, und zwar in dem Bereich, in dem man tätig ist. Aber man muß unheimlich aufpassen, daß hier keine Art von Schulung passiert, die auf den Verteidigungsfall vorbereitet. Und Sie haben wahrscheinlich alle die in der schwarzen Kongreßbroschüre nachgedruckte Ausschreibungs-Anzeige der Beschaffungsstelle des Bundesministers des Innern über 300 000 Ampullen Valium und 100 000 Ampullen Haloperidol gesehen. Wir haben das Innenministerium angeschrieben, von der Deutschen Gesellschaft für Soziale Psychiatrie. Wir haben eine klare Antwort erhalten, in der auch in einem Atemzug von Katastrophen- und Verteidigungsfall gesprochen wird. Da darf man nicht drüber hinwegsehen.

Prof. Gottstein: Ja, ich möchte auch noch etwas zu dem Wort Triage sagen. Sehen Sie, Triage heißt doch nicht, daß man in der Sprechstunde sagt: Der Nächste bitte, aber die schwerer Kranken zuerst. Das ist es doch nicht, was Sie z. B. in Ihrem Krankenhaus erlebt hatten. Triage heißt doch: Da liegen tausend schwerverletzte Sterbende, und wir sollen jetzt lernen, welche wir davon liegenzulassen haben und vielleicht das Kreuz über ihnen schlagen, und bei welchen wir versuchen, irgend etwas zu tun. Das ist doch der große Unterschied.

Und wo hat es denn das bei uns schon mal gegeben, wo war denn das überhaupt schon mal nötig bei uns in Deutschland, daß eine Triage

Kategorie 2

TRANSPORTVORRANG — KRANKENHAUSBEHANDLUNG NOTWENDIG

(je nach Lage vorher Notversorgung: Infusion, Reposition, Schienung u. a.)

2 A = SOFORTTRANSPORT

- Verletzungen innerer Organe
- Hirndruck (Pupillendifferenz, Krämpfe, Bewußtlosigkeit)
- Rückenmarksverletzungen (inkomplettes Querschnittsyndrom)
- Schwere Durchblutungsstörungen der Extremitäten (Ischämie) (z. B. Verletzung großer Extremitätenarterien mit bzw. ohne Fraktur/Luxation, drohendes Compartmentsyndrom)
- Ausgedehnte Extremitätenzertrümmerungen
- Schwere Augenverletzungen (perforierend, verätzend)
- Gesichts-/Atemwegsverbrennungen (II. und III. Grades)
- Polytrauma mit Überlebenschance

2 B = VERZÖGERTER TRANSPORT

- Schädel-Hirn-Traumen (ohne Hirndruckzeichen)
- Knochenbrüche, Verrenkungen (ohne Durchblutungsstörungen)
- Offene Gelenkverletzungen
- Ausgedehnte Weichteilverletzungen
- Eindeutige Amputationsfälle
- Verbrennungen II. und III. Grades mit Überlebenschance (> 20 Prozent bis < 40 Prozent)
- Primär komplettes Querschnittsyndrom

Kategorie 3

LEICHTVERLETZTE — WARTEFÄLLE

- Ambulante Behandlung möglich
- Konzentration und Registratur **abseits** des Verletztensammel- u. Behandlungsplatzes (Panikgefahr!)
- Großraumtransporte zu niedergelassenen Ärzten

Kategorie 4

HOFFNUNGSLOS SCHWERVERLETZTE — WARTEFÄLLE

- Verzögerte Kausalbehandlung unter Berücksichtigung der Lage am Katastrophenort (Verletztenzahl, Transportmöglichkeit, Materialnachschub, Zahl der Helfer)
- Schmerzbehandlung
- Ablage und Überwachung nahe Sammelplatz
- Regelmäßige Überprüfung des Sichtungsergebnisses (ggf. Kategorie 1 oder 2)

ACHTUNG: Sichtungskategorien sind kein starres Schema! (Berücksichtigung der individuellen Situation und Infrastruktur)

DRINGENDE ÄRZTLICHE AUFGABEN AM KATASTROPHENORT

1. Kennzeichnung des ärztlichen Einsatzleiters (Armbinde, Helm, reflektierende Schutzkleidung)
2. Sofortige Kontaktaufnahme / mit Rettungsdienst / mit technischer Einsatzgruppe
3. Anforderung von Sanitätern (Notversorgung, Transport)/ von Helfern (Kommunikation, Dokumentation usw.)
4. Kennzeichnung eines Areales zur Verletztensichtung
   - Verletztensammelplatz/Ablage für Notbehandlungen/ Ablage für Leichtverletzte / Ablage für Hoffnungslose
   - geordneter Abtransport (An- u. Abfahrtsmöglichkeiten für RTW, Landeplatz RHS **abseits** einrichten lassen)
5. Bestimmung und Anforderung Materialbedarf (Rettungsdienst)
6. Einsatz Ärzte/Sanitäter zur Sofortversorgung (Schockteams)
7. Sichtung der Verletzten (evtl. durch 2 Arzt/Helferteams)
8. Bestimmung der Notmaßnahmen und des Transportzieles
9. Ausfertigung der Verletztenbegleitkarte

MASSNAHMEN ZUR VERMEIDUNG VON PANIK AM KATASTROPHENORT

1. Ruhiges, diszipliniertes Verhalten aller Beteiligten
2. Klare Anordnungen treffen
3. Strikte Befolgung aller Anordnungen
4. Keine Diskussionen
5. Unverletzte und ggf. Leichtverletzte zur Mithilfe einteilen (z. B. Dokumentation, Verbände anlegen, Materialtransport usw.)

»Dringlichkeitsstufen (Sichtung)« aus: »Einsatzhinweise bei Massenunfällen und Katastrophen – Für Ärzte – Feststellung der Dringlichkeitskategorien bei Behandlung und Transport«

betrieben werden mußte? Wenn ein schreckliches Unglück passiert, und wir wollen hoffen, daß solch ein Unglück bei uns nicht passieren wird, dann gibt es genügend Ärzte in der Umgebung, und die Patienten können zu den Krankenhäusern schnell hingeflogen und gefahren werden.

Und dann müssen Sie bedenken, Ihr Chef, der von mir hochverehrte Prof. Koslowski, Ordinarius für Chirurgie an der Universität Tübingen, der hat ja expressis verbis gesagt, Triage kann nicht *gelernt* werden, sie kann nur von den erfahrensten Chirurgen *ausgeübt* werden. Nun stellen Sie sich einmal vor, ich würde als Internist sagen, wenn jemandem der Magen perforiert ist, dann müssen wir alle in Kursen darauf vorbereitet werden, den Magen sofort zu operieren. Das ist doch ein Witz. Und wenn Koslowski selbst gesagt hat, nur der erfahrenste Chirurg kann an Ort und Stelle das leisten – ganz abgesehen davon, daß ich überhaupt nicht wüßte, wo solch eine Triage bei uns nötig wäre – dann möchte ich wissen, wie wir in Fortbildungskursen Triage lernen können. Ich unterstelle niemandem Böswilligkeit. Aber in diesem Falle finde ich, daß es eine Täuschung ist.

Dr. Koch: Zu den Erlebnissen von Frau Jochimsen möchte ich ihr sagen, vielleicht ist sie keine wichtige Person. Immerhin haben die Fachärzte für »Triagerie« doch schon moraltheologische Unterstützung. Der Moraltheologe Prof. Franz Scholz gibt uns Ärzten Hinweise, wie wir einzuteilen haben. Und zwar sollen wir in wichtige und unwichtige Personen unterteilen. Dabei dürfen Verletzte, *»... deren Leben für das gesellschaftliche Wohl besonders bedeutsam ist, bevorzugt behandelt werden«.*

Aber jetzt auch eine Anmerkung zu den Triage-Hinweisen von Herrn Domres. Ich meine, wir sollten das offen aussprechen: diese Triagevorbereitung im Rahmen der Katastrophenmedizin ist Kriegsvorbereitung. Es geht um folgende Situation: Wir Ärzte sollen jetzt fitgemacht werden für einen Atomkrieg, für die Beherrschung eines Atomkrieges. Und diese Sicherheit, die wir dann auszustrahlen haben, soll dann in die Bevölkerung und bis zu den Politikern wirken. Und was entsteht? Bei der nächsten krisenhaften Situation – die Bevölkerung, die Politiker wiegen sich inzwischen in ›wohlärztlicher‹ Sicherheit – wird nicht mehr versucht, die Krise friedlich zu bewältigen, sondern man riskiert was. Ich behaupte, diese Triageübungen, diese Katastrophenmedizin senkt die Atomschwelle.

Dr. Sroka: Also, ich wollte noch einmal auf diese Kategorie 4 zu sprechen kommen, d. h. auf all diejenigen, denen man die Therapie verweigert. Herr Domres, Sie haben es formuliert, es sollte sich da um Personen handeln, denen man auch unter optimalen Bedingungen der Individualmedizin nicht mehr helfen kann. Diese Behauptung ist einfach falsch. Ich möchte es wiederum festmachen am Beispiel der Brandverletzten. Daß Verbrannte mit mehr als 40% betroffener Körperoberfläche auch unter den gegenwärtigen Bedingungen der Individualmedizin nicht überleben können, stimmt einfach nicht. Ich hatte mir in der Vorbereitung auch hier eine Tabelle, von Ihnen selber publiziert, herangezogen. Da heißt es eben: Prozent Überlebensrate von siebentausendsoundsoviel Verbrennungen ersten bis dritten Grades unter Berücksichtigung des Alters und der Flächenausdehnung. Und dann finde ich bei denen, die mehr als 40% verbrannt sind, daß zwei von drei tatsächlich überleben. Insofern können wir doch nicht behaupten, die sterben alle sowieso, sondern die werden durch unser ärztliches Urteil erst dahin gebracht.

Es gibt von dem Katastrophenmediziner Kirchhoff, der heute auch eingeladen war, aber leider nicht gekommen ist, eine Tabelle, übertitelt: »Personen ohne Überlebensaussicht im Katastrophenfall«. Da finden wir zunächst die Verbrennungen, Erfrierungen und Verstrahlungen unter Berücksichtigung der Oberfläche, Tiefe und des Grades. Dann die offenen Brust- oder Bauchverletzungen, aber auch Patienten mit wiederholt auftretenden Blutungen. Die legt man auch zu den Akten. Und ganz wichtig: beispielsweise Unfähigkeit der Flüssigkeits- und Nahrungsaufnahme. Das heißt, wenn jemand kräftig was ins Gesicht bekommen hat, wird der auch in die Kategorie der sogenannten abwartenden Behandlung gelegt, d. h. er erhält keine Therapie. Und das heißt, all diese Leute werden letztlich nach dem Euthanasieprinzip fallengelassen. Das ist das Entscheidende, und ich glaube, das kann man auch so klar formulieren.

Ein praktisches Beispiel: Eine Explosions- oder Brandkatastrophe in einer niedersächsischen Kleinstadt mit 20 bis 30 Schwerstverbrannten. Wir sollten doch so vorgehen, daß wir uns dann schnell die heraussuchen, die schwerstverletzt sind, und mit einer unfallmedizinischen Notfallbehandlung, Schockbehandlung etc. anfangen, bis sich diese Mangelsituation auflöst und die Leute auf die umliegenden Krankenhäuser, und sei es auf ganz Deutschland, verteilt werden. Der Triagearzt hat zunächst einmal Triage zu machen. Es heißt bei Herrn Kirchhoff: *»Lebensrettende Erstmaßnahmen sind auf die Ebene der Laienhelfer, sog. Selbst- und Kameradenhilfe, zu delegieren.«* Und schließlich: *»Reanimation hat von vornherein stets zu unterbleiben.«* Wichtig ist, wenn jetzt nach diesen Kriterien bei den Brandverletzten wiederum so selektiert wird, daß eben die mit mehr als 40% verbrannter Körperoberfläche zur Seite geschoben werden, dann sind diese Leute klassifiziert, durch den Akt der Triage »hoffnungslos« geworden, weil eben die lebensrettenden Erstmaßnahmen versäumt wurden.

Prof. Domres: Die Triage ist erstens kein einmaliger Prozeß, sondern ein kontinuierlicher, muß also wiederholt werden. Zum anderen richtet sich die Triage auch nach dem Umfang der Katastrophe. Wenn Sie von 20 Brandverletzten sprechen, dann möchte ich aber auch hoffen, daß hier in Europa keiner selektiert wird und die Therapie eingestellt wird. Da liegt die Aufgabe der Triage nur darin, wer in welches Zentrum transportiert wird und wer zuerst mit welchem Rettungsmittel transportiert wird. Aber jeder dieser 20 Patienten, selbst wenn er hoffnungslos scheint und zu 90 % verbrannt ist, wird die volle Therapie erhalten in Europa. Wenn wir schreiben »über 40 % der Körperoberfläche« – diese Patienten haben unter Katastrophenbedingungen keine Chance, d. h. sie gehören wahrscheinlich in die Gruppe 4 –, dann haben wir eben das Bild vor Augen, vor dem Sie warnen in der Prävention, nämlich daß Tausende Verbrannte vorliegen mit Kombinationsverletzungen, mit Verstrahlung. Und dann gehen unsere Einschätzungen sogar dahin, daß die Chance schon bei 30 % ausscheidet, daß also Verbrannte mit anderen Verletzungen bei einer Körperoberfläche von 30 % keine Chance mehr haben. Aber bei 20 Verbrennungspatienten wird nicht selektiert. Da bekommt jeder die volle Therapie. Und man wird vielleicht nur Prioritäten setzen, wer wird zuerst abtransportiert, wohin ist es sinnvoll, das zu tun. Also, ich freue mich, wenn Sie unsere Kriterien der Triage und unser Know-how verbessern wollen, dann sind wir ja auch schon einen Schritt weiter. Aber da Kritik zu üben, ohne daß Sie wirklich darin gearbeitet haben, und es damit ad absurdum zu führen, das ist kein fairer Prozeß.

Fr. Jochimsen: Nur eine Frage, weil das bisher von Ihnen eigentlich nicht beantwortet worden ist. Was halten Sie denn von dem Argument, das hier ganz oft aufgetaucht ist, dies sei eine Gewöhnung der Ärzte, der Bevölkerung und der Gesellschaft an Kriegszustände. Auf das Argument haben Sie bisher nicht geantwortet.

Prof. Domres: Ja, das ist uns doch allen klar, daß wir mit wenigen zur Verfügung stehenden Mitteln arbeiten müssen, und zwar mengenmäßig und qualitativ. Das betrifft – (Zwischenrufe) – Bitte? (...) Die Einstimmung auf den Kriegsfall durch die Triage. Ja, das läßt sich nicht trennen. Aber deshalb wehre ich mich trotzdem dagegen, daß mit einem Rundumschlag dann die Katastrophenmedizin völlig niedergeschlagen werden soll. Das ist verantwortungslos.

Zuhörer: Zu der ständigen, neu durchlaufenden Triage, wie Herr Domres das betont hat, wäre nach der Bostoner Studie, die vor einigen Jahren durchgeführt wurde, anzunehmen, daß im Falle einer Kriegskatastrophe auf einen Arzt etwa 1700 Patienten kämen. Dieser Arzt muß nicht unbedingt in Triage geübt sein. Gut, haben wir also einen Pfuscher. Der nimmt sich tatsächlich 20 Minuten Zeit pro Patient. Wenn er diese 1700 Patienten öfter durchhecheln will, ist er also trotz eines 24-Stunden-Tages einige Wochen am ackern. Da erledigt sich dann vieles von selbst.

Zuhörer: Ich wollte Prof. Domres noch mal fragen, was das eigentlich wirklich ganz konkret für Situationen sind, wo Tausende von über 30% Brandverletzten und verstrahlten Leuten anfallen...

Prof. Domres: ... weswegen Sie hier sind, der Atomkrieg. Und den hat man da vor Augen, schlimmstenfalls.

Dr. Pörksen: ... ich bin Herrn Domres dankbar, daß jetzt Klarheit herrscht, daß das Ganze voneinander nicht zu trennen ist. Da sind wir schon mal eine Sorge los und können uns jetzt um das eigentliche Problem kümmern, nämlich: Wie können wir verhindern, daß eine Schulung betrieben wird für etwas, was wir nicht brauchen? Wichtiges soll man von Unwichtigem unterscheiden. Und wer in die Dritte Welt gehen will, der muß natürlich lernen, mit Problemen dieser Art umzugehen. Wer gerne bei Erdbeben helfen will, muß natürlich lernen, auch mit Tausenden von Schwerverletzten umgehen zu können. Das ist überhaupt keine Frage. Aber daß wir, alle Mediziner – in jedem Dorf, in jeder Kleinstadt, wie das vorgesehen ist – unter Leitung des zuständigen Amtsarztes als Einsatzleiter, mit einer Armbinde versehen dort unsere Arbeit verrichten für etwas, was dann doch nichts anderes ist als Vorbereitung auf den Kriegsfall, das müssen wir verhindern. Denn da bin ich einig mit den meisten, die hier sitzen: Da sinkt die (Hemm-) Schwelle, und das wollen wir nicht.

Dr. Koch: Die jetzt von Herrn Domres erfolgte Klarstellung würde ich auch sehr unterstützen. Ich bedaure es aber, daß der sicherlich sehr gewissenhaft arbeitende Herr Domres und andere Kollegen auf dem Sektor der Katastrophenmedizin, der Wehrmedizin, jeden Gedanken an Katastrophenforschung, Ursachenforschung und Prävention weit von sich weisen. Wir sollen die unverändert im strahlend weißen Mantel dastehenden Mediziner sein, die ewig nur helfen und heilen.

Wir haben bei einer mißlichen Situation die Möglichkeit, kurativ anzusetzen, d. h. wir haben unseren Heilauftrag. Wir haben aber auch einen anderen Standort zu vertreten, und das ist der der Prävention. Wir müssen doch bemüht sein, daß ein mißlicher Zustand erst gar nicht eintritt. Vor jeder Bemühung, einen mißlichen Zustand durch Heilmaßnahmen in den Griff zu bekommen, steht doch an erster Stelle der Auftrag zur Verhütung dieses mißlichen Zustandes!

Prof. Domres: Darf ich da grad antworten. – Und deshalb geben Sie doch allen Ärzten die Chance, daß sie bei der Prävention mitarbeiten, indem man die Trennung von mir aus ruhig zieht bei den Katastrophen, aber nicht mit einem Rundumschlag die Katastrophenmedizin als dem Teufel zugehörig einrangiert.

Dr. Koch: Auch hier eine kurze Antwort zurück: Das hat auch Herr

Gottstein und das haben, glaube ich, auch schon andere Redner hier gesagt: Wir sind doch bereit, in der Notfallmedizin uns weiterhin fortzubilden. Warum nennt man das Kind plötzlich Katastrophenmedizin? Unterteilen wir doch in Notfallmedizin und Kriegsmedizin. Es wurde doch wiederholt darauf hingewiesen, daß wir in der Bundesrepublik Deutschland, in einem – Gott sei Dank – naturkatastrophenarmen Land, in den letzten Jahrzehnten keinerlei unbeherrschbare mißliche Zustände, keinerlei Katastrophenzustände hatten. Wenn Sie allerdings der Meinung sind, wir müssen eine ärztliche Truppe bereitstellen, die jetzt irgendwo, wo es brennt in der Welt, dann auch eingreift – gut, das ist ein Standpunkt. Dann muß man sich entsprechend ausbilden und sich hier üben, wie man Erdverschüttete nach Beben wieder ausbuddelt. Aber wir sprechen doch hier von unserem Land, und hier sprechen wir von Notfallmedizin und von Kriegsmedizin.

Prof. Domres: Wobei wir das nicht national sehen wollen, sondern zumindest unseren EG-Raum, Norditalien, Süditalien mit einschließen können, und das ist nur eine Stunde vom Weg ab von uns. Wir dürfen es also nicht nur ganz regional sehen und sagen, in Deutschland kann es keine Katastrophe geben.

Fr. Jochimsen: Aber das ist, glaube ich, unstrittig bei den Versammelten hier. Ich glaube, man ist auch bereit, Wege bis Sizilien zu gehen, nicht nur bis Norditalien, wenn es um das geht, nicht?

Zuhörerin: Mir ist klargeworden, was gemeint war, ebenfalls auf einer katastrophenmedizinischen Fortbildungsveranstaltung unserer Ärztekammer in Ostwestfalen-Lippe. Da sagte der Hauptredner – es war ein Wehrmediziner aus Siegen: »Den Begriff Selektion verwenden wir nicht, weil der zu sehr an die Auswahlrampen in Auschwitz erinnert. Deswegen nennen wir das heute Triage.« Und ich hatte da die Vorstellung, die Katastrophe, die damit gemeint sein kann, kann nur eine Katastrophe sein wie Krieg, Atomkrieg oder ein Reaktorunfall, der wirklich Europa oder Deutschland zumindest zu einem riesigen Konzentrationslager macht, in dem wir Ärzte dann tatsächlich nur noch die Möglichkeit haben – wenn wir überhaupt noch da sind –, eben Auswahl zu machen. Wenn wir da mitmachen, dann werden wir doch mit zu Mördern.

Prof. Domres: Über die Triage wird zuviel gesprochen, nach meiner Meinung, weil man da am besten drüber streiten kann. Ich habe selbst Triage ausüben müssen und muß sagen, die Triage als Sichtungsprozeß hat nur einen Sinn, wenn eine Therapie möglich ist. Und wir sollten die Therapie nicht vergessen und sollten über die Therapiemöglichkeiten bei zivilen Katastrophen sprechen. Über die Triage wird zuviel geredet.

Zuhörer: Eine Frage an die Teilnehmer auf dem Podium: Warum gibt es in letzter Zeit einen Zustrom zu einer Vereinigung »Gesellschaft für Wehrpharmazie und Wehrmedizin«? Warum veranstaltet diese Vereinigung so notwendige medizinische, nichts mit Wehrmedizin zu tun habende Veranstaltungen mit dem Thema »Neue pathophysiologische Aspekte des Diabetes mellitus«?

Die zweite Frage: Ist es ein Zufall, daß die ganzen katastrophenmedizinischen Fortbildungen, dieser Aufschwung auf diesem Gebiet, zeitlich zusammenfällt mit dem NATO-Beschluß, 1983 amerikanische Mittelstreckenraketen auf dem Boden der Bundesrepublik Deutschland zu stationieren?

Die dritte Frage lautet: Ist es ein Zufall, daß im Rahmen der Pentagon-Atomkriegsplanung, nämlich der Begrenzbarkeit und Führbarkeit eines Atomkrieges in Europa, an die amerikanischen Krankenhäuser die Anforderung gestellt wird, 50 000 Zivilbetten zur Verfügung zu stellen, um im Falle eines Krieges, eines längeren Krieges in Übersee, die Soldaten sofort in Amerika zu versorgen. Ist dies ein Zufall?

Dr. Koch: Die Antwort auf alle drei Fragen zusammengefaßt, pointiert vielleicht die letzte Frage. Die amerikanischen Ärzte haben sich diesem Pentagon-Ersuchen verweigert. Mit Unterstützung der katholischen Kirche haben die amerikanischen Ärzte dieses Ersuchen abgelehnt, und es kamen, soweit ich orientiert bin, maximal 19 000 statt 50 000 Betten zusammen. Aber die anderen Fragen – habe ich das Gefühl – haben Sie eigentlich auch selbst beantwortet. Das ist vollkommen korrekt. Seit dem 12. 12. 1979 wird hierzulande intensive Katastrophenmedizin betrieben; die »Deutsche Gesellschaft für Katastrophenmedizin« hat sich zu Beginn des Jahres 1980 gegründet. Es ist alles kein Zufall.

Dr. Pörksen: Ich möchte noch einen Aspekt einbringen, der bei den katastrophenmedizinischen Übungen vergessen worden ist – ein Bereich, in dem es Prävention nämlich bereits gibt. Das ist die Psychiatrie. In der Psychiatrie macht man sich nämlich Gedanken darüber, wie wohl der innere Friede im Spannungs- oder Verteidigungsfall auszusehen habe. Innerer Friede wird so verstanden, daß verhindert wird, daß welche den Frieden stören. Das nennt man Panikprävention. Ich möchte alle bitten, in die Ärzteblätter des Jahres 1982 zu schauen. Es gibt fast in jedem Heft einen Artikel von Rudolf Brickenstein zum Thema Panik und Panikprävention, in denen zu lesen ist, wie man – schon im Spannungsfall – mit sogenannten Panikpersonen und Unruhestiftern umzugehen hat. Natürlich gibt es in konkreten Situationen Panik, aber die ist nicht so sehr gemeint. Die Panikprävention ist das Entscheidende. Das ist insofern entscheidend, weil zu befürchten ist, daß schon in Zeiten, in denen es anfängt zu rumoren, d. h. in denen der innere Friede gefährdet zu sein scheint, wieder etwas eintritt, was zum Ende des Ersten Weltkriegs unter der Eliminierung linker Psychopathen usw. alles schon einmal dagewesen ist. Das sind nun keine Hirngespinste. Wir werden Anfang des Jahres 1983 eine Broschüre zu diesem Themenkomplex insgesamt herausgeben. Ich meine, daß jeder unwahrscheinlich aufmerksam in seiner Umgebung schon jetzt darauf achten muß, wie der psychologisch-psychiatrische Teil von Selektion zunehmend zu unserem Sprachgebrauch gehört.

Störer müssen weg, Störer dürfen nicht da sein. Bei Demonstrationen wird nur geguckt, ist da gestört worden oder nicht, nicht mehr auf das Inhaltliche. Diese Ausschreibung der 300 000 Valium-Ampullen und über 100 000 Haloperidol-Ampullen ist klar beantwortet worden mit: zur Beseitigung von akuten Erregungszuständen. Da kann man ja eine ganze Stadt mit lahmlegen. Diese psychiatrische Panikprävention, die auch von Militär- und Polizeistrategen oder dem Polizeipräsidenten von Stuttgart benutzt wird, wird jetzt schon eingeübt als »wie erkenne ich Leute, die möglicherweise stören, Unfrieden stiften, und was kann ich tun, um sie rechtzeitig zu eliminieren, damit es nicht zum Widerstand kommt?«

Der Grat zwischen einem noch verständlichen Umgehen mit Leuten, die einfach im Moment stören, und der Beseitigung von jeder Form von Widerstand ist etwas, wo wir sehr aufmerksam sein müssen. Psychiater, die jetzt schon bereit sind – wie im Fall der Demonstranten in Brokdorf oder wie im Fall eines psychiatrischen Gutachtens bei einem Totalverweigerer – zu sagen, es handelt sich bei diesen Leuten um Psychopathen, die aus irgendwelchen abnormen Regungen heraus so und so demonstriert haben. Diese Psychiater leisten einen ersten Schritt in diese Richtung.

Zuhörerin: Herr Domres, es wurde formuliert, die Vorbereitung in Katastrophenmedizin führe zu einer Senkung der Hemmschwelle zum Atomkrieg. Sie selbst geben zu, daß die Katastrophenmedizin sowohl eine Vorbereitung für zivile als auch für Kriegsmedizin ist. Haben Sie eigentlich – für sich selbst – einmal überlegt, ob man nicht doch eine Schuld auf sich lädt, indem man einen Krieg praktikabel macht? Sie haben oft gesagt, Sie wollen den genausowenig wie wir. Ich stehe da genauso hinter. Aber wissen Sie, es ist ein Unterschied, ob man etwas nicht will oder ob man etwas dagegen tut.

Prof. Domres: Diese Überlegung habe ich auch angestellt und muß Ihnen teilweise Recht geben, daß da eine Gefahr drin liegt, die Atomschwelle zu senken. Aber dennoch: für mich habe ich mich entschlossen, nicht das Opfer zu bringen, quasi über sehr viele Leben ziviler Katastrophen hinwegzugehen bei der Verfolgung Ihres Zieles.

Ja bitte, das ist meine Meinung, und Sie können es zur Kenntnis nehmen.

Zuhörer: Ich bin Chirurg, achtmal im Monat Rettungsarzt, zuständig für 72 Autobahnkilometer und 150 000 Einwohner. Ich meine, das mit der Unfall- und der Notfallmedizin beurteilen zu können. Ich wundere mich sehr, daß für die Triageübungen soviel Geld zur Verfügung steht, wenn ich dann gleichzeitig sehe, wie das im normalen Notfallwesen hier bei uns aussieht. Wir bekommen Leute frisch von der Uni, die nach 14 Tagen auf dem Notarztwagen eingesetzt werden. Die Ärzteverbände haben nicht den kleinsten Finger gerührt, um zu verlangen, daß diese Leute erst einmal ausgebildet werden, daß sie intubieren können und ähnliche Dinge mehr. Der Marburger Bund oder die anderen Ärztevereinigungen geben einfach eine Empfehlung aus, nach einem Jahr, möglichst nach klinischer Erfahrung, sollten sie eingesetzt werden. Das heißt, wir haben das – Ihr – Problem verlagert von den Missionsstationen in Afrika hierher, wo nämlich die Chefs immer sagen: Auf dem Rettungswagen lernen Sie alles. Üben, üben, üben. Auf dem Rettungswagen zwar, aber eben am menschlichen Experiment. Und da habe ich mehrere, wirklich Dutzende von Fällen im gesamten Großraum Düsseldorf kennengelernt, wo die nach 14 Tagen als Rettungsarzt eingesetzt werden. Es ist auch ein Geheimtip unter Famulanten, unter Leuten, die im Studium sagen, Mensch, mach deine Famulatur in Südafrika. Dort kommst du an alle Patienten ran. Und da rührt die Ärztekammer bisher nicht im geringsten den Finger.

Das zweite Problem ist: Es wird gesagt, es muß ausgebildet werden für Unfallchirurgie, für Katastrophenmedizin. Aber diejenigen, die tatsächlich dort an erster Stelle stehen, wie z. B. die Feuerwehr, sind durch Kürzungen (der Finanzmittel) betroffen, so in Nordrhein-Westfalen durch den Feuerwehrerlaß. Die Mannschaften werden reduziert, und es wird alles in die Verbände des Katastrophenschutzes gesteckt, die nach einigen Stunden erst mobilisierbar sind. Und ich habe mal eine Diskussion mit Feuerwehr und Bundesverband für Zivilschutz gehabt, und dort hat die Feuerwehr gesagt: *»Laßt mir bloß diese ganzen Hilfsorganisationen weg. Die haben da mal irgendwann was probiert, sind für den Kriegsfall ausgerüstet. Wir ziehen lieber sämtliche Feuerwehren aus der Umgebung zusammen, wenn eine Katastrophe kommt. Dann sind die Patienten sehr viel besser versorgt, als wenn die Hilfsorganisationen erst alarmiert werden (müssen).«*

Das heißt, es werden Kürzungen im Bereich der Notfallmedizin vorgenommen, die Katastrophenmedizin aber ausgebaut.

Zuhörer: Ich bin Anästhesist. Ich habe an Prof. Domres zwei Fragen. Er hat eingangs seiner Ausführungen von einer Zahl gesprochen – eine Million Tote bei Erdbebenverletzten von 1945 bis jetzt.

Und ich hätte gern einmal gewußt, wie oft dabei eine Triage gemacht werden mußte in dem Sinne, wie wir sie verstehen. Und ich muß sagen, leider verstehen wir vielleicht unter Triage etwas anderes als Prof. Domres. Ich möchte das noch erweitern, indem ich erinnere an Spanien, die Brandkatastrophe, und an Süditalien. War dort eine Triage notwendig, so wie wir das machen sollen?

Die zweite Frage ist, wie soll sie praktisch aussehen, wenn ein 1-Megatonnen-Sprengsatz über Hamburg explodiert.

Prof. Domres: Auf die erste Frage möchte ich antworten, die Frage nach der Notwendigkeit der Triage bei der Verbrennungskatastrophe in Los Alfaques: Es waren dort vorwiegend, und zwar 80 % Brandverletzte über 80 % verbrannt. Das heißt, sie hätten unter zivilen und erst recht unter Katastrophenbedingungen keine Chance zum Überleben gehabt. Deshalb wäre eine Triage auch gar nicht in Frage gekommen, denn es waren alle in der Gruppe 4, und nur einige wenige waren günstiger dran. Und es hat sich dann auch gezeigt, daß der Abtransport doch zu Unterschieden geführt hat. Der Abtransport, der unkontrolliert war und ohne Versorgung. Der überhastete Abtransport ohne Versorgung führte dazu, daß die Letalität dieser schwer Brandverletzten in den ersten Stunden und Tagen in der Verbrennungsklinik größer war, wo die Verletzten auf dem Transport keine Versorgung erhalten hatten. Eine Gruppe ist nach Barcelona transportiert worden und eine nach Süden, nach Valencia, bedingt dadurch, daß der Tanker den Katastrophenort in zwei Teile gegliedert hatte. Die nach Norden transportiert wurden, hatten eine Erstversorgung. Die nach Süden transportiert wurden, hatten keine Schockbehandlung. Und bei dieser Gruppe war zumindest die Letalität in den ersten Tagen höher. Wir ›Verbrennungsfachleute‹ – ich habe mich über Verbrennungen habilitiert – sind der Meinung, daß wir bei Verbrennungskatastrophen nicht immer eine Triage machen müssen, sondern behandeln müssen und uns nicht unbedingt mit der Triage aufhalten sollten. Es gibt da kontroverse Meinungen.

Zuhörer: Noch eine Frage. Wir haben heute morgen recht deutlich die Auswirkungen der Bombe in Hiroshima gesehen. Ich frage Sie, wieviel Leute hätten durch katastrophenmedizinische Maßnahmen und Triageübungen dort mehr gerettet werden können als wurden?

Prof. Domres: Sie verstehen mich falsch. Ich will Sie in allem unterstützen, in der Prävention und darin, wie gefährlich die Atombombe ist. Ich bin nicht kompetent zu beantworten, wie viele hätten gerettet werden können. Ich würde mich aber anschließen, auch erstmal nur zu warnen. Wenn ich eine Veranstaltung abhalte, würde ich sogar den Kollegen einladen, daß er eingangs die Warnung ausspricht, die er auf dem Herzen hat.

Steven Fetter und Kosta Tsipis
Nukleare Katastrophen: ein Vergleich

Katastrophe ist nicht gleich Katastrophe: Im Vergleich zur Explosion einer Atombombe kann sich selbst der denkbar schlimmste Reaktorunfall geradezu harmlos ausnehmen. So könnte beispielsweise durch den Abwurf einer einzigen Atombombe auf das Kernkraftwerk Neckarwestheim ein Drittel der Bundesrepublik unbewohnbar werden.

Die Gefahr einer nuklearen Katastrophe, durch die Millionen von Menschen einer lebensgefährlichen Strahlenbelastung ausgesetzt werden, ist nahezu allgegenwärtig. Jeder kriegerische Einsatz von Kernwaffen – und handele es sich auch um eine lokal noch so sehr begrenzte Auseinandersetzung – hat eine gefährliche Strahlenbelastung zur Folge. Dasselbe Unheil droht von einem Kernreaktor, dessen Sicherheitsbehälter geborsten ist und der radioaktives Material aus seinem Kern in die Atmosphäre abgibt. Etwas glimpflicher sind Reaktorunfälle, bei denen radioaktiv verseuchtes Kühlwasser oder kleinere Mengen radioaktiver Gase in die Umwelt gelangen. Damit ist die Liste der Gefahren aber noch lange nicht erschöpft, denn auch Unfälle bei der Herstellung, dem Transport, der Wiederaufbereitung oder der Lagerung von radioaktivem Material für Waffen oder Reaktoren können gefährlich hohe Strahlenbelastungen nach sich ziehen.

Die Mengen an freigesetzter Aktivität unterscheiden sich bei diesen Unfällen erheblich voneinander, und deshalb muß man jeden Unfalltyp gesondert behandeln. Wir wollen uns drei Fälle vornehmen: die Detonation einer Atombombe am Boden, Kernschmelzen in einem Reaktor in Verbindung mit dem Bersten des Sicherheitsbehälters und die Explosion einer Atombombe über einem Kernkraftwerk.

Dabei lassen wir in unserem Vergleich die Druckwelle und die Hitzestrahlung bei einer Atombombenexplosion außer acht, auf deren Konto die unmittelbaren Zerstörungen gehen. Im folgenden soll ausschließlich von den Schäden die Rede sein, die die freigesetzte Radioaktivität anrichtet, aber – um es vorwegzunehmen – auch so ist eine Bombenexplosion noch weitaus schlimmer als jeder denkbare Reaktorunfall. Das Ausmaß der Katastrophe wird nur noch von der Explosion einer Atombombe über einem Reaktor übertroffen, denn in diesem Fall verwandelt sich der Reaktor in eine radiologische Waffe mit verheerender Wirkung.

Moderne nukleare Sprengkörper bestehen gewöhnlich aus drei Komponenten (drei Phasen): dem Zünder, dem Fusionsmaterial und dem Mantel aus spaltbarem Stoff. Der Zünder enthält ein paar Kilogramm Plutonium, bei dessen Spaltung die Wärme frei wird, die nötig ist, um die thermonukleare Explosion auszulösen. Als Fusionsmaterial dient eine Mischung aus Deuterium und Tritium, den schweren beziehungsweise überschweren Wasserstoffisotopen. Bei der Verschmelzung eines Deuteriumkerns (der ein Proton und ein Neutron enthält) mit einem Tritiumkern (ein Proton und zwei Neutronen) entsteht ein Heliumkern, bestehend aus zwei Protonen und zwei Neutronen. Das überzählige Neutron fliegt mit hoher Geschwindigkeit vom Ort der Fusionsreaktion weg; außerdem entsteht Wärme. Diese Reaktionen führen jedoch nicht auf langlebige Radioaktivität. Das Fusionsmaterial ist in einen Mantel aus Uran gehüllt. Unter dem Beschuß mit den energiereichen Neutronen aus den Fusionsreaktionen werden die Urankerne gespalten, und die dabei entstehenden Spaltprodukte sind die Quellen intensiver radioaktiver Strahlung. In einer Dreiphasenbombe stammt die freiwerdende Energie zu gleichen Anteilen aus der Fusion der Wasserstoffisotope und aus der Spaltung des Urans.

Die ungeheure Hitze, die eine explodierende Atombombe entwikkelt, läßt alles Material augenblicklich schmelzen, so daß die Kernreaktionen sehr schnell zum Erliegen kommen. Die Spaltprodukte befinden sich dann zum überwiegenden Teil noch in ungewöhnlich hoch angeregten, energiereichen Zuständen. Wenn sie in ihre Grundzustände übergehen, senden sie elektromagnetische Strahlung hoher Energien, das heißt Röntgen- und Gammastrahlung, aus. Aufgrund dieser Strahlung erhitzt sich die Luft, es kommt zu einer Stoßwelle, die ihrerseits weitere Luftschichten aufheizt, bis sich der Ort des Geschehens schließlich in einen gleißend hellen Feuerball verwandelt hat. Bei der Explosion einer Atombombe mit der Sprengkraft von einer Megatonne (also dem Äquivalent von einer Million Tonnen TNT [Trinitrotoluol] jagt der Feuerball bis in zwanzig Kilometer Höhe und erreicht dabei eine Geschwindigkeit von ungefähr 120 Meter pro Sekunde (Bild 2). Mit Bomben dieser Stärke sind beispielsweise die sowjetischen Interkontinentalraketen ausgerüstet.

Im Sog des Feuerballs werden große Mengen Material von der Erdoberfläche mitgerissen: Eine am Boden explodierende Ein-Megatonnen-Atombombe kann einen 120 Meter tiefen Krater mit einem Durchmesser von knapp vierhundert Metern aussprengen. Sobald sich der Feuerball abgekühlt hat, bleiben die radioaktiven Atomkerne an Staubteilchen haften, die im Lauf der Zeit auf die Erde niedergehen.

Dieser Niederschlag – man nennt ihn Fallout – ist zum Teil deshalb radioaktiv, weil einige der frisch erzeugten Atomkerne instabil sind. Ihre Instabilität ist im allgemeinen auf einen Überschuß an Neutronen zurückzuführen. Sie gehen in einen stabilen Zustand über, indem sich eines ihrer Neutronen in ein Proton und ein Elektron umwandelt.

Diesen Vorgang nennt man Betazerfall, das wegfliegende Elektron bildet die Betastrahlung. Gewöhnlich ist auch das Endprodukt eines Betazerfalls wieder ein angeregter Kern, der dann unter Aussendung von Gammastrahlung in seinen Grundzustand übergeht. So zieht sich die Emission von Beta- und Gammastrahlung des Fallouts über einen Zeitraum bis zu einigen Jahrzehnten nach der Explosion hin (Bild 3). Wann ein individueller radioaktiver Kern zerfällt, läßt sich nicht vorhersagen. Statt dessen weiß man lediglich, wie viele Kerne einer bestimmten Sorte von Isotopen in einem vorgegebenen Zeitintervall zerfallen.

Die Standardeinheit der Radioaktivität als solcher ist das Curie: Eine Quelle hat eine Stärke von einem Curie, wenn pro Sekunde 37 Milliarden ($3{,}7 \times 10^{10}$) Atomkerne zerfallen, wobei es keine Rolle spielt, um welche Art von Strahlung es sich handelt und wie energiereich die Strahlung ist. Die durch radioaktive Strahlung übertragene Energiedosis wird in Rad gemessen: Eine Dosis von einem Rad liegt vor, wenn ein Gramm Materie, wie beispielsweise lebendes Gewebe, eine Energiemenge von hundert Erg aufgenommen hat (100 Erd = 10^{-5} Joule; 1 Rad = 10^{-2} Joule/Kilogramm). Eine weitere Dosiseinheit, die man allerdings nur im Zusammenhang mit Gamma- und Röntgenstrahlung benutzt, ist das Röntgen (abgekürzt R). Eine Gammastrahlendosis von einem Röntgen ist der Absorption von 94 Erg durch ein Gramm Gewebe äquivalent. Dosisangaben in Rad und Röntgen führen also nahezu auf dieselben Zahlenwerte.

Da sich der von der radioaktiven Strahlung angerichtete biologische Schaden in keinem dieser Maße ausdrücken läßt, braucht man eine weitere Einheit: Es ist das Rem (Abkürzung für **R**öntgen **e**quivalent **m**an). Gibt man eine Strahlendosis in Rem an, so ist dabei berücksichtigt, daß sich Strahlungen verschiedenen Typs auf den lebenden Organismus verschieden auswirken, selbst wenn jeweils die gleiche Energiemenge übertragen wird, und obwohl der Mechanismus der Schädigung, nämlich die Ionisation von Atomen im Zellinnern, derselbe ist. Die Unterschiede rühren von anderen Merkmalen einer Strahlung her – eines davon ist ihr Vermögen, tief oder weniger tief in Gewebe einzudringen. Die Dosis in Rem erhält man, indem man die in Rad gemessene Energiedosis mit dem »**R**elativen **B**iologischen **W**irkungsfaktor« (RBW) multipliziert. – Für Beta- und Gammastrahlung ist der RBW ungefähr 1, für Alphateilchen hat er den Wert 10, für schwere Teilchen ist er noch größer. Da wir es im folgenden vorwiegend mit Beta- und Gammastrahlung zu tun haben, macht es keinen Unterschied, ob wir die Dosen in Rad oder in Rem angeben. Um ein Gefühl für die Größe von Strahlendosen zu bekommen, sollte man sich zwei Zahlen einprägen: Bei einer Lungen-Röntgenaufnahme be-

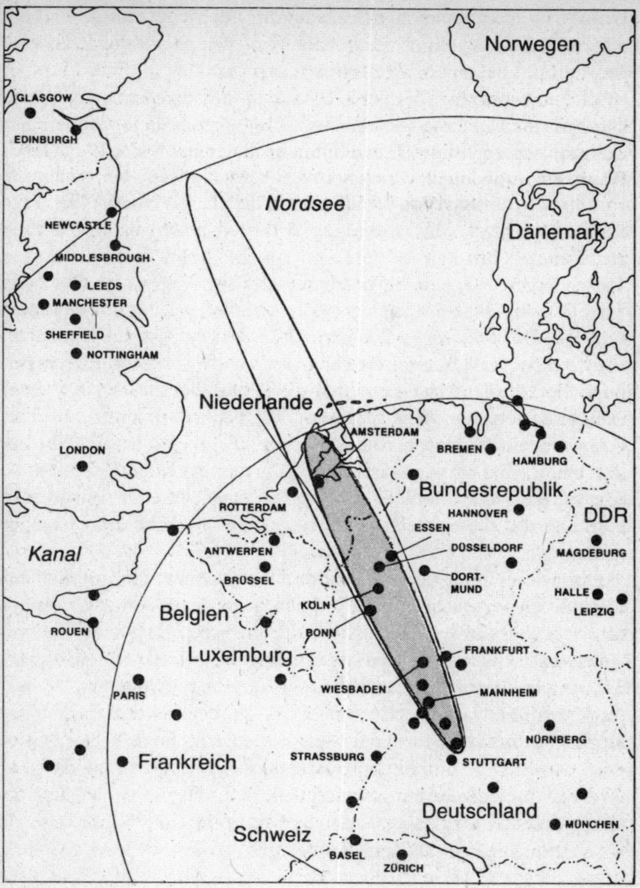

Bild 1: Ein einziger Atombombenangriff auf einen Kernreaktor in Mitteleuropa könnte dazu führen, daß weite Teile des Kontinents unbewohnbar würden. Als Beispiel dafür sind hier die Folgen eines hypothetischen Bombenabwurfs auf das 1000-Megawatt-Kernkraftwerk Neckarwestheim skizziert. Dabei ist angenommen, daß die Atombombe eine Sprengkraft von einer Megatonne TNT besitzt und der Wind mit einer Geschwindigkeit von ungefähr 25 Kilometer pro Stunde aus südöstlicher Richtung weht. Einen Monat nach dem Angriff würde sich die Zone, in der die Strahlendosis zehn Rem pro Jahr beträgt, bis tief in die Nordsee hinein erstrecken, und dieser Wert würde auch noch ein Jahr nach der Katastrophe in weiten Teilen der Bundesrepublik (unter anderem im Rhein-Main- und im

kommt man in Bruchteilen einer Sekunde 0,01 Rem (10 Millirem) ab, und die Belastung durch natürliche Hintergrundstrahlung liegt (in Meereshöhe) bei 0,075 (75 Millirem) pro Jahr.

Welche Folgen eine Strahlenbelastung nach sich zieht, ist von einem Menschen zum anderen verschieden – zwei wichtige Faktoren sind das Alter und der allgemeine Gesundheitszustand eines Menschen. Daher lassen sich auch keine exakten Dosiswerte angeben, bei denen die bekannten Symptome von Strahlenkrankheiten, wie Haarausfall, Erbrechen, Durchfall, innere Blutungen oder Wunden im Mund- und Rachenraum auftreten sollten. Soviel steht jedoch fest: Nimmt ein Mensch in einem Zeitraum von einem oder zwei Tagen eine Dosis von über 500 oder 600 Rem auf, so hat er kaum eine Überlebenschance. Wenn die Dosis zwischen 200 und 450 Rem liegt, ist ein Überleben möglich, aber nicht sicher, selbst mit ärztlicher Hilfe nicht. Einigermaßen sicher dürfte feststehen, daß die Überlebenschance bei einer Aufnahme von 400 Rem in einem Tag höchstens fünfzig Prozent beträgt. In einer Gruppe von Menschen, die in einem Tag 100 Rem aufnehmen, sind schwere Krankheitsfälle und sogar einige Todesfälle zu erwarten, der überwiegende Teil der Betroffenen dürfte sich allerdings von dieser Belastung (sogar ohne ärztliche Hilfe) wieder erholen.

Wenn wir im folgenden die Landfläche berechnen, die aufgrund der radioaktiven Verseuchung unbewohnbar wird, legen wir als Kriterium zugrunde, daß die Bevölkerung keiner stärkeren Belastung als zwei Rem pro Jahr ausgesetzt sein soll. Dieser Wert ist zehnmal größer als der, den die Umweltschutzagentur der Vereinigten Staaten als Obergrenze empfiehlt, und er entspricht ungefähr dem Zwanzigfachen der natürlichen Strahlenbelastung. Auf der anderen Seite liegt er unter dem Dosiswert von fünf Rem pro Jahr, der heute für Personal, das über mehrere Jahre hinweg in strahlungsgefährdeten Bereichen arbeitet, als zulässig erachtet wird. Eine Belastung von zwei Rem pro Jahr kann als Folge eines Reaktorunfalls in Friedenszeiten ohne weiteres zustande

Ruhrgebiet) gemessen werden. Das Rem (Abkürzung für Röntgen equivalent man) ist ein Maß für den biologischen Schaden, den radioaktive Strahlung anrichtet. Eine Strahlendosis von einem Rem entspricht einer Strahlenmenge, die auf ein Gramm Gewebe eine Energie von 100 Erg (10^{-5} Joule) überträgt. Die natürliche Hintergrundstrahlung in Meereshöhe beträgt 0,075 Rem (75 Millirem) pro Jahr, und bei einer Röntgenuntersuchung der Lunge nimmt man etwa 0,01 Rem (10 Millirem) auf. Schon bei einer Jahresdosis von zwei Rem ist mit der Zunahme von Krebserkrankungen zu rechnen; bei fünfzig Rem pro Jahr sind auch Fälle von Strahlenkrankheit zu erwarten. Die unbenannten Punkte zeigen die Standorte von Kernkraftwerken in der BRD und in Frankreich.

kommen. In einem nuklearen Krieg dürfte es sogar ausgesprochen schwierig sein, die Bevölkerung von all jenen Gebieten fernzuhalten, in denen die Strahlenbelastung zwei Rem und mehr beträgt. Im Gegenteil: Hunger und andere Zwänge könnten die Menschen selbst noch in stark verseuchte Gebiete treiben, in denen die Strahlendosis bei fünfzig Rem pro Jahr oder sogar noch darüber liegt. Solche Dosen verursachen bei über fünfzig Prozent der Betroffenen Strahlenkrankheiten, führen in einigen Fällen zum Tod und lösen Krebs aus.

Erstes Szenarium:
Explosion einer Atombombe am Boden
Welche Folgen hat die Explosion einer Ein-Megatonnen-Atombombe am Boden? Der überwiegende Teil des radioaktiven Fallouts wird in einem Streifen niedergehen, der durch die am Explosionsort vorherrschende Windrichtung bestimmt ist. Siebzig Prozent der Fallout-Produkte sind relativ große Teilchen, die innerhalb eines Tages wieder die Erdoberfläche erreichen. Mit zunehmender Entfernung vom Ort der Explosion nimmt die Stärke der radioaktiven Strahlung ab, außerdem schrumpft die Staubwolke, je weiter sie vom Wind weggetrieben wird, und schließlich nimmt die Strahlung aufgrund des radioaktiven Zerfalls der Atomkerne ab.

Wo der Wind beständig bläst, sehen die in eine Karte eingezeichneten Linien gleicher Strahlungsbelastung (Konturlinien) wie aufeinander liegende, unterschiedlich große Zigarren aus (Bilder 1 und 4). Jede Konturlinie entspricht einer bestimmten Dosis in Rem (in Bild 4 sind es 100, 50, 10 und 2 Rem), und alle Punkte innerhalb der »Zigarre« weisen höhere Werte auf. Nehmen wir eine Windgeschwindigkeit von 25 Kilometer pro Stunde an, so ist die »letale Zone«, das heißt das Gebiet, das von der 400-Rem-pro-Tag-Linie begrenzt wird, etwa tausend Quadratkilometer groß. Wie viele Menschen in dieser Zone sterben, hängt vor allem von der Bevölkerungsdichte ab. In den Vereinigten Staaten variiert die Bevölkerungsdichte zwischen 40 000 Menschen pro Quadratkilometer in Großstädten während der Hauptgeschäftszeit und zwei Menschen pro Quadratkilometer in extrem dünn besiedelten Gebieten. Die Strahlung einer einzigen Atombombe

Bild 2: Eine am Boden explodierende Ein-Megatonnen-Atombombe erzeugt einen Sog, der Material des Bodens bis in große Höhen reißt (oberes Bild). Der Staub wird durch den Wind über weite Strecken verfrachtet und geht als radioaktiver Fallout nieder. Verglichen damit steckt in einer Explosion, die den Sicherheitsbehälter eines Kernreaktors bersten läßt, so wenig Energie, daß die freigesetzte Radioaktivität nur in relativ geringe Höhen gelangt. Es bildet sich praktisch keine radioaktive Wolke aus, die vom Wind verfrachtet werden könnte.

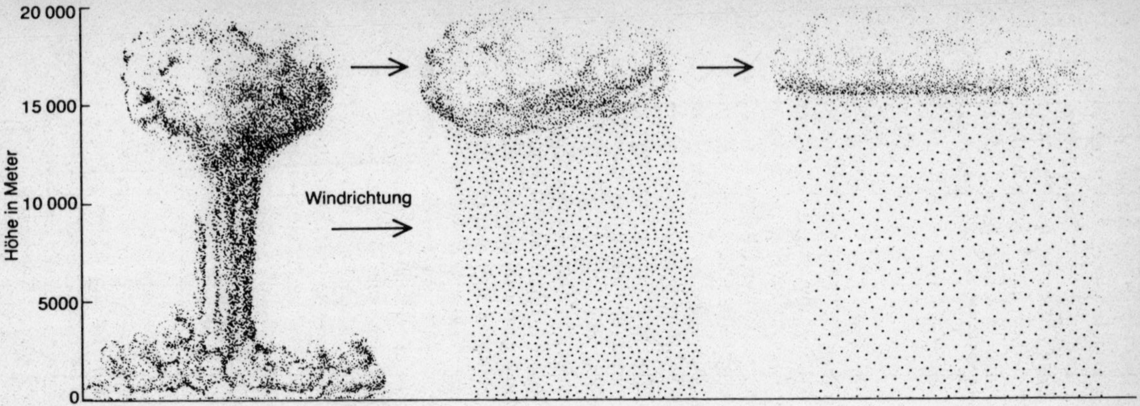
20 000
15 000
Höhe in Meter
10 000
5000
0
Windrichtung

100
Windrichtung
Höhe in Meter
50
0

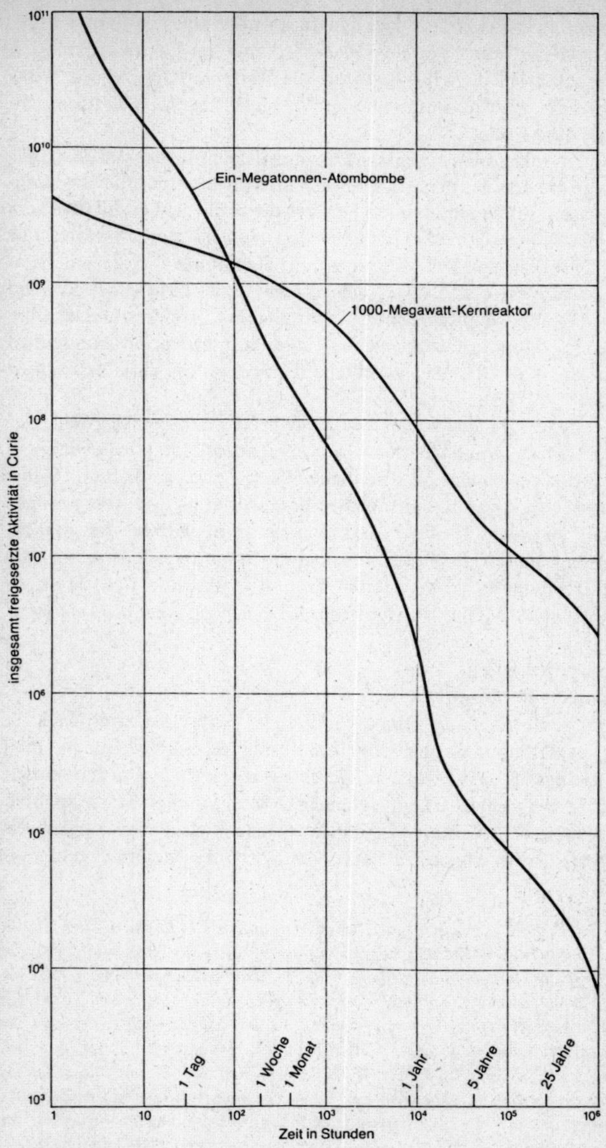

insgesamt freigesetzte Aktivität in Curie
10^{11}
10^{10}
10^{9}
10^{8}
10^{7}
10^{6}
10^{5}
10^{4}
10^{3}
Ein-Megatonnen-Atombombe
1000-Megawatt-Kernreaktor
1 Tag
1 Woche
1 Monat
1 Jahr
5 Jahre
25 Jahre
1
10
10^{2}
10^{3}
10^{4}
10^{5}
10^{6}
Zeit in Stunden

kann somit zwischen ein paar Hundert und einigen Millionen Menschen töten. Neben der Bevölkerungsdichte am Ort der Explosion spielen natürlich auch die Tageszeit, die Wetterverhältnisse, die Wirksamkeit der Alarmsysteme und die Verfügbarkeit von Schutzeinrichtungen eine Rolle.

Die Überlebenden eines Bombenangriffs müßten die »letale Zone« so lange meiden, bis die Strahlung auf ein tolerierbares Maß abgeklungen wäre und die strahlenden Partikel durch die Arbeit des Wassers (Regen, Schneeschmelze) in den Boden geschafft worden wären. Mit dem Kriterium von zwei Rem pro Jahr als Grenze der Strahlenbelastung dürfte ein etwa 3000 Quadratkilometer großes Gebiet etwa ein Jahr lang unbewohnbar bleiben. Ein erheblich größeres Gebiet wäre für einige Monate unzugänglich; Tausende müßten ihr Wohngebiet verlassen, wodurch das gesellschaftliche Gefüge stark erschüttert würde.

Wenn auf ein und dasselbe Gebiet mehrere Atombomben niedergehen, dürfte es für die Überlebenden aussichtslos sein, jemals wieder in ihre Wohnungen und an ihre Arbeitsplätze zurückzukehren. Selbst wenn sie bereit wären, wesentlich höhere Dosen als zwei Rem pro Jahr in Kauf zu nehmen, gäbe es immer noch weite Flächen, die sie nicht betreten könnten. Jede Ein-Megatonnen-Bombe würde ein etwa 4000 Quadratkilometer großes Gebiet so stark verseuchen, daß die Strahlendosis einen Monat lang mindestens bei fünfzig Rem pro Jahr läge.

Zweites Szenarium: Schwerster Reaktorunfall

Selbst wenn ein Kernreaktor völlig außer Kontrolle gerät, kann er nicht explodieren. Sein Energiefluß ist mindestens eine Billion (10^{12}) mal kleiner als der in einem nuklearen Sprengkörper. Darüber hinaus wird die freigesetzte Energie zunächst von der großen Masse spaltbaren Materials absorbiert (der Reaktorkern enthält einige hundertmal mehr spaltbares Material als eine Bombe). Daher steigt die Tempera-

Bild 3: Nach einer Atombombenexplosion nimmt die radioaktive Strahlung in der Umwelt wesentlich schneller ab als nach einem Reaktorunfall, weil die freiwerdende Radioaktivität in beiden Fällen verschieden zusammengesetzt ist. Eine Stunde nach der Explosion einer Ein-Megatonnen-Atombombe liegt der Strahlungspegel etwa hundertmal höher als eine Stunde nach dem in Friedenszeiten denkbar schwersten Reaktorunfall. Vierzehn Monate (10^4 Stunden) später haben sich die Verhältnisse aber genau umgekehrt. Die Gesamtaktivität ist in Curie angegeben. Eine Quelle hat eine Stärke von einem Curie, wenn pro Sekunde 37 Milliarden ($3,7 \times 10^{10}$) Atomkerne zerfallen, wobei es keine Rolle spielt, um welche Art von Strahlung es sich handelt und wie energiereich die Strahlung ist.

tur im Kern eines außer Kontrolle geratenen Reaktors nur langsam an. Noch bevor durch Kettenreaktionen eine so große Energie entstehen könnte, die den Reaktor explodieren lassen würde, werden die Brennelemente so heiß, daß sie schmelzen und sich der Kern als Block auflöst. Wird dann auch noch der Sicherheitsbehälter beschädigt, so gelangt Radioaktivität ins Freie. Beispielsweise wäre denkbar, daß der völlige Verlust des Kühlmittels dazu führt, daß sich die Brennstäbe überhitzen und schließlich schmelzen. Kommt das geschmolzene Material mit Wasser in Berührung, so verdampft dieses explosionsartig. Dabei können Löcher in den Sicherheitsbehälter gerissen werden, und es ist klar, daß dann Radioaktivität entweicht. Bei einem anderen Unfalltyp entstehen aufgrund der Überhitzung des Reaktorkerns Wasserstoff oder andere brennbare Gase, die mit dem Sauerstoff der Luft ein explosives Gemisch bilden. Auch bei einer solchen Explosion kann der Sicherheitsbehälter beschädigt werden und Radioaktivität entweichen.

Bei unserem Vergleich der Gefahren, die eine Atombombenexplosion beziehungsweise ein Reaktorunfall nach sich ziehen, wollen wir von dem eben geschilderten schlimmsten Fall ausgehen, nämlich daß der Sicherheitsbehälter des Reaktors beschädigt wird. (Den gängigen Risikoberechnungen zufolge liegt die Wahrscheinlichkeit für einen solchen Unfall um viele Größenordnungen unter der, die für den Unfall im Kernkraftwerk Three Mile Island in der Nähe von Harrisburg im März 1979 berechnet wurde. Vergleiche dazu »Die Sicherheit von Kernkraftwerken«, in Spektrum der Wissenschaft, Mai 1980.)

Wieviel radioaktives Material aus dem Reaktor ins Freie gelangen würde und wie es zusammengesetzt wäre, hinge vom genauen Hergang des Unfalls ab. Darüber hinaus würde auch die Zeit, die seit dem letzten Wechsel von Brennstäben verstrichen ist, eine Rolle spielen. Und schließlich würde die Stärke des radioaktiven Fallouts auch durch die Form der Wolke radioaktiven Materials und die Wetterverhältnisse bestimmt. Daraus lassen sich zwei allgemeingültige Schlüsse ziehen: (1) Unmittelbar nach der Explosion einer Atombombe wird viel mehr Radioaktivität freigesetzt als nach einem Reaktorunfall. Andererseits ist der Anteil der kurzlebigen Nuklide im Fallout, den eine Atombombenexplosion nach sich zieht, viel höher als nach einem Reaktorunfall. (2) Bei einem Reaktorunfall wird verhältnismäßig wenig Wärme freigesetzt. Daher steigt die radioaktive Wolke nicht allzu hoch und entlädt sich relativ schnell. Dies wiederum hat den Vorteil, daß nur ein relativ kleines Gebiet radioaktiv verseucht wird. Fazit: Bei einem Reaktorunfall wird zwar nur eine verhältnismäßig kleine Fläche kontaminiert, aber die Verseuchung hält viel länger an (vergleiche Bilder 2 und 5).

Betrachten wir einen 1000-Megawatt-Reaktor, bei dem jedes Jahr ein Drittel des nuklearen Brennstoffs erneuert wird. Weiterhin wollen wir annehmen, daß der Sicherheitsbehälter durch die Explosion beschädigt wird und ein Drittel aller radioaktiven Atomkerne ins Freie gelangt. Eine Stunde nach dem Freiwerden dieser Menge hat die Strahlung eine Stärke von 1,5 Milliarden ($1{,}5 \times 10^9$) Curie. Nach der Detonation einer Ein-Megatonnen-Atombombe würde die Strahlung das Tausendfache dieses Wertes betragen. Durch den Unfall auf Three Mile Island gelangte ein Hundertmillionstel dieser Strahlung in die Atmosphäre, genauer, es wurden 17 Curie radioaktives Iod frei.

Glücklicherweise wird durch diese Radioaktivität nur ein verhältnismäßig kleines Gebiet so verseucht, daß die Strahlendosis zwei Rem pro Jahr übersteigt. Nehmen wir wiederum eine Windgeschwindigkeit von 45 Kilometer pro Stunde und gleichbleibende Windrichtung an, so bleibt der Dosiswert in einem Gebiet von 4700 Quadratkilometer Fläche etwa einen Monat lang bei zwei Rem pro Jahr. (Zum Vergleich: Bei der Detonation einer Ein-Megatonnen-Bombe ist das entsprechende Gebiet über 50000 Quadratkilometer groß.) Die »letale Zone«, in der die Strahlendosis 400 Rem pro Tag übersteigt, hat eine Fläche von nicht ganz 2,5 Quadratkilometern. (Wiederum zum Vergleich die Explosion einer Ein-Megatonnen-Atombombe: 1000 Quadratkilometer.)

Da die Strahlenbelastung nach einem Reaktorunfall niedriger und das strahlenverseuchte Gebiet kleiner ist, scheint es möglich, die Bewohner zu evakuieren, bevor sie gefährliche Mengen radioaktiven Staubs inhaliert haben. (Dies ist die Hauptgefahr bei einem Reaktorunfall.) Darüber hinaus könnte man sich vorstellen, daß sich das strahlenverseuchte Gebiet wieder dekontaminieren läßt. Nach der Explosion einer Atombombe dürfte eine Dekontamination unmöglich sein.

Wenn man die schädlichen Folgen eines Reaktorunfalls mit denen einer Atombombenexplosion vergleicht, darf man die unmittelbaren Zerstörungen, die von beiden Ereignissen ausgehen, nicht außer acht lassen. Die gefürchtete Druckwelle und die Hitzestrahlung, die eine detonierende Atombombe nach sich zieht, verwüsten ein Gebiet im Umkreis von zehn bis zwanzig Kilometern vom Ort der Detonation. Aller Wahrscheinlichkeit nach würden bei einem Bombenangriff auch das Energieversorgungssystem und medizinische Einrichtungen in Mitleidenschaft gezogen. Bei einem Reaktorunfall kommt es dagegen zu keinem oder allenfalls zu geringfügigen mechanischen Zerstörungen. Daher darf man wohl davon ausgehen, daß es unter den Bewohnern eines Gebietes, in dem ein Reaktor »durchgeht«, weit mehr Überlebende geben wird als unter denen, in deren Gebiet eine

Atombombe explodiert, selbst wenn man einmal von gleichen Strahlenbelastungen ausgeht.

Wie wahrscheinlich beide Ereignisse sind, läßt sich nur schwer schätzen. Allerdings stimmen Militärfachleute und Kernkraftwerksspezialisten darin überein, daß eine Atombombenexplosion irgendwo auf der Erde innerhalb der nächsten zehn Jahre viel wahrscheinlicher ist als ein Reaktorunfall mit Kernschmelzen. Für diese Sicht sprechen die ständig wachsende Zahl von nuklearen Sprengkörpern im Waffenarsenal verschiedener Staaten, der immer rauher werdende Ton in den Beziehungen zwischen den Vereinigten Staaten und der Sowjetunion und die Tendenz der Militärplaner, von der Strategie der Abschreckung abzurücken und statt dessen einen nuklearen Waffengang vorzubereiten.

Drittes Szenarium:
Atombombe auf Kernreaktor

Als dritten Katastrophenfall wollen wir den Abwurf einer Ein-Megatonnen-Atombombe auf einen 1000-Megawatt-Reaktor betrachten. Wir gehen davon aus, daß bei der Explosion alles radioaktive Material des Reaktorkerns verdampft, sich mit dem radioaktiven Material der Bombe vereinigt, mit diesem durch den beschriebenen Feuerball hochgerissen wird und nach denselben Gesetzmäßigkeiten wieder auf die Erde niedergeht, wie der von der Bombe allein erzeugte Fallout.

Da die Radioaktivität aus dem Reaktor anfänglich im Vergleich zur Radioaktivität der Bombe klein ist, unterscheidet sich die Kontamination des betroffenen Gebietes in der ersten Woche kaum von der, die die Detonation der Bombe allein verursachen würde. Da der Reaktor aber vorwiegend langlebige Radioaktivität freigibt, bleibt das Katastrophengebiet deutlich länger verseucht, als es die Bombe allein bewirken könnte. Beim Bombenabwurf auf einen Reaktor wäre die »letale Zone« über 1300 Quadratkilometer groß, das ist ein Drittel mehr, als auf das Konto der Bombe allein geht. Die Fläche, in der die kumulative Dosis einen Monat lang zwei Rem pro Jahr beträgt, wäre etwa 170 000 Quadratkilometer oder dreimal so groß wie nach einem »gewöhnlichen« Bombenabwurf. In einem 65 000 Quadratkilometer großen Gebiet würde sich die Strahlendosis ein Jahr lang bei zwei Rem pro Jahr halten, ohne Reaktor wäre dieses Gebiet zwanzigmal kleiner. Schließlich wäre ein knapp 500 Quadratkilometer großes Gebiet so verseucht, daß mehr als ein Jahr lang jeder Bewohner eine Jahresdosis von mindestens zwei Rem aufnehmen müßte. Ein solches Gebiet bliebe für alle Zeiten von der Katastrophe gezeichnet.

Den Kern eines Reaktors durch eine Atombombe zum Verdampfen zu bringen, ist zweifellos der sicherste Weg, ein Land weitgehend zu verwüsten und seine Bevölkerung zu vernichten. Ein zu allem Entschlossener brauchte nur passende Wetterbedingungen abzuwarten, um mit einem einzigen thermonuklearen Sprengkörper die Industrie eines ganzen Landes weitgehend lahmzulegen. Beispielsweise würde ein solcher Angriff auf das Kernkraftwerk Neckarwestheim bei Stuttgart ein Drittel der Bundesrepublik Deutschland (das sind über 80 000 Quadratkilometer) für mehr als einen Monat unbewohnbar machen (vergleiche Bild 1), und dabei müßten schon viele Menschen höhere Jahresdosen als zwei Rem in Kauf nehmen. Einzige Bedingung für diese Katastrophe: Der Wind müßte aus südöstlicher Richtung wehen.

In diesem Zusammenhang muß man daran erinnern, daß die Bevölkerungsdichte in Mitteleuropa sehr hoch ist, der Boden intensiv genutzt wird und Kernkraftwerke nicht allzuweit von militärischen Anlagen entfernt sind. Die Wahrscheinlichkeit, daß ein nuklearer Sprengkörper statt sein militärisches Ziel, auf das er gerichtet ist, einen Reaktor zerstört, ist da nicht ganz von der Hand zu weisen. Darüber hinaus werden heute radioaktive Abfälle auf dem Gelände eines Reaktors gelagert, und die radioaktiven Inventare solcher Lager sind typischerweise doppelt so groß wie das Inventar des Reaktorkerns. Außerdem werden Reaktoren heute häufig in Paaren oder Dreiergruppen errichtet. Berücksichtigt man all dies, so könnte die tatsächliche Dosis ohne weiteres beim Zwei- oder Sechsfachen des oben angegebenen Wertes liegen.

Für uns ist nicht erkennbar, daß die Militärplaner in irgendeinem ihrer Szenarien eines Atomkrieges jemals den Abwurf einer Atombombe über einem Kernreaktor berücksichtigt hätten. Der beste Weg, eine derart verheerende Katastrophe so unwahrscheinlich wie möglich zu machen, ist natürlich der, jegliche nukleare Auseinandersetzung zu verhindern. Nützliche Zwischenschritte könnten darin bestehen, multinationale Abkommen auszuhandeln, durch die militärische Angriffe auf Kernkraftwerke verboten würden. Darüber hinaus wäre sicherzustellen, daß militärische Anlagen nicht in der Nähe von Kernkraftwerken installiert werden dürfen.

Wenn aus unserer Analyse überhaupt ein Schluß zu ziehen ist, dann dieser, daß schon durch eine einzige Atombombe ein wesentlich größeres Gebiet radioaktiv verseucht werden kann als durch den denkbar schlimmsten Reaktorunfall. Angesichts dieser Verhältnisse ist die Einstellung der Öffentlichkeit zu den Gefahren, die von Kernkraftwerken ausgehen, fehl am Platz. Ein schwerer Reaktorunfall wird zweifellos das Leben in der Umgebung der Anlage empfindlich stören, und wahrscheinlich wären Krankheits- und sogar einige Todesfälle als Spätfolgen zu verzeichnen. Aber dennoch können die Folgen einer solchen Katastrophe allein schon deshalb nicht so gravierend wie die

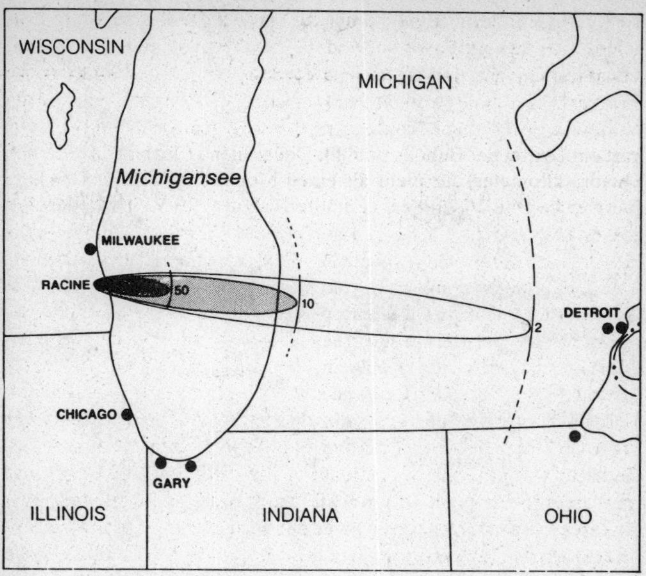

Bild 4: Vergleich der Folgen von drei nuklearen Katastrophen verschiedener Ursache: Reaktorunfall (oben), Explosion einer Atombombe (rechts o.) und Zerstörung eines Reaktors durch eine Atombombe (rechts u.). Als Ort des hypothetischen Geschehens wurde Racine am Michigan-See ausgewählt, Standort eines 1000-Megawatt-Reaktors. Die Karten geben die Konturlinien der Strahlenbelastung in Rem pro Jahr (vgl. Bild 1) an, wobei in allen Fällen Westwind mit 25 km/h angenommen wurde. (Um die Verhältnisse bei anderen Windrichtungen abschätzen zu können, sind die 2-, 10-, 50- und 100-Rem-Linien als gestrichelte konzentrische Kreise um Racine eingezeichnet.) Das Bild oben zeigt die Strahlenbelastung eine Woche nach einem Unfall im Kernkraftwerk Racine, durch den 33 % der Radioaktivität des Reaktorkerns ins Freie gelangt. (Diese Menge wäre 100 Millionen Mal größer als die während des Unfalls auf Three Mile Island bei Harrisburg im März 1979 freigesetzte.) Eine Woche nach der Explosion einer Ein-Megatonnen-Atombombe auf dem Boden der Stadt, durch die der Reaktor nicht zerstört werden soll, wäre ein erheblich größerer Landstrich radioaktiv verseucht (Bild rechts o.). Träfe eine Bombe derselben Stärke den Reaktor (wodurch dessen Kern verdampfen würde), so würden auch die Großstädte der Ostküste erheblich radioaktiv verseucht. Die Zwei-Rem-Konturlinie würde weit vor der Ostküste im Atlantik verlaufen (rechts u.). Über das Land ginge sowohl die relativ kurzlebige Radioaktivität des Bomben-Fallouts als auch die langlebige Aktivität aus dem Reaktor nieder. Die unbenannten Punkte zeigen die Standorte von errichteten oder in Bau befindlichen Kernkraftwerken, die nicht weiter als 40 km von einer Stadt mit über 100 000 Einwohnern entfernt liegen.

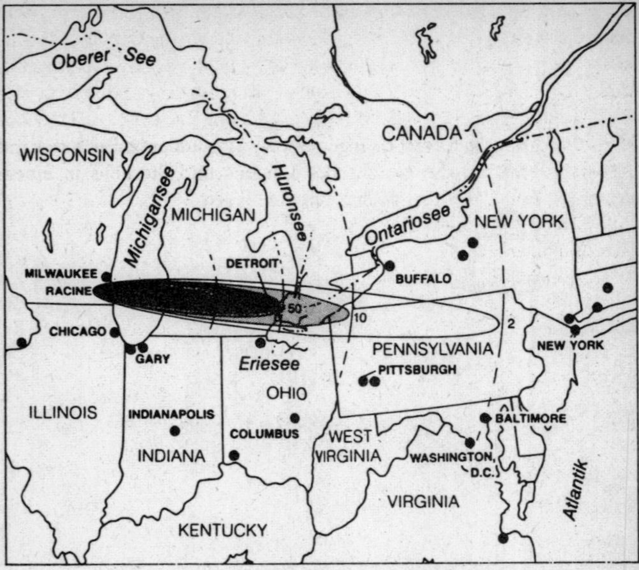
Oberer See
WISCONSIN
Michigansee
MICHIGAN
Huronsee
CANADA
Ontariosee
NEW YORK
MILWAUKEE
RACINE
DETROIT
50
10
2
BUFFALO
CHICAGO
GARY
Eriesee
PENNSYLVANIA
NEW YORK
PITTSBURGH
OHIO
ILLINOIS
INDIANAPOLIS
INDIANA
COLUMBUS
WEST VIRGINIA
WASHINGTON, D.C.
BALTIMORE
VIRGINIA
KENTUCKY
Atlantik

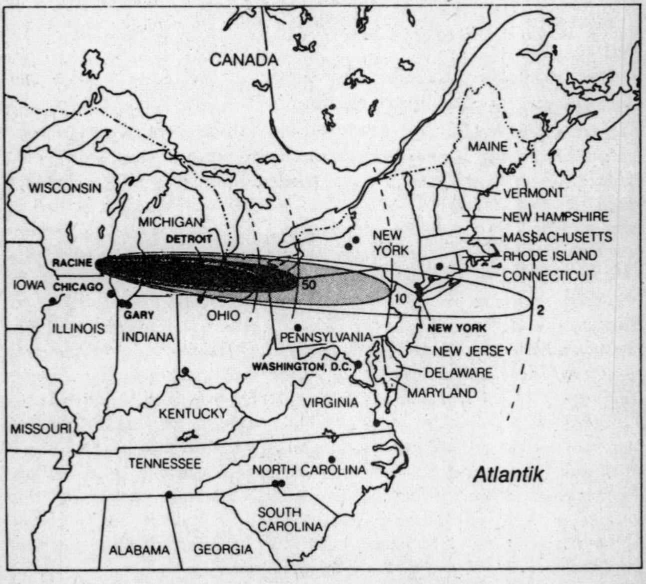
CANADA
MAINE
WISCONSIN
MICHIGAN
DETROIT
VERMONT
NEW HAMPSHIRE
MASSACHUSETTS
RHODE ISLAND
CONNECTICUT
NEW YORK
RACINE
IOWA
CHICAGO
50
10
2
GARY
OHIO
ILLINOIS
INDIANA
NEW YORK
PENNSYLVANIA
NEW JERSEY
WASHINGTON, D.C.
DELAWARE
MARYLAND
VIRGINIA
KENTUCKY
MISSOURI
TENNESSEE
NORTH CAROLINA
Atlantik
SOUTH CAROLINA
ALABAMA
GEORGIA

einer Bombenexplosion sein, weil das Sozialgefüge, die Verwaltung und die medizinische Versorgung intakt blieben. Darüber hinaus lassen sich die Risiken der Energieerzeugung aus Kernkraft auch dadurch noch vermindern, daß man die technische Sicherheit der Kraftwerke Schritt für Schritt verbessert. Die Detonation eines nuklearen Sprengkörpers ist dagegen etwas völlig anderes: Ein Krieg mit Atomwaffen birgt die Gefahr des Leidens und Sterbens in einem Ausmaß, das in der Geschichte beispiellos ist.

Aus: Spektrum der Wissenschaft, Juni 1981

Verlag und Herausgeber danken für die Entnahme von Abbildungen:

Spektrum der Wissenschaft: Heft 6/81

Spektrum der Wissenschaft: Rüstung und Abrüstung, 1983

Heymann Verlag: Glasstone (Hrsg.) »Die Wirkungen von Kernwaffen«, 1960

Umschau Verlag: Schrader »Die Wirkungen von Kernexplosionen«, Schriftenreihe »Soldat und Technik«, Heft 1/1958

Berliner Ärzteinitiative: Ärzte warnen vor dem Atomkrieg, 1982

Hamburger Ärzteinitiative: Ärzte warnen vor dem Atomkrieg, 1981

Verlagsgesellschaft Gesundheit: Medizin und Atomkrieg – hilflos?, 1982

Oberbaum Verlag: Till Bastian »Katastrophenmedizin«, 1982

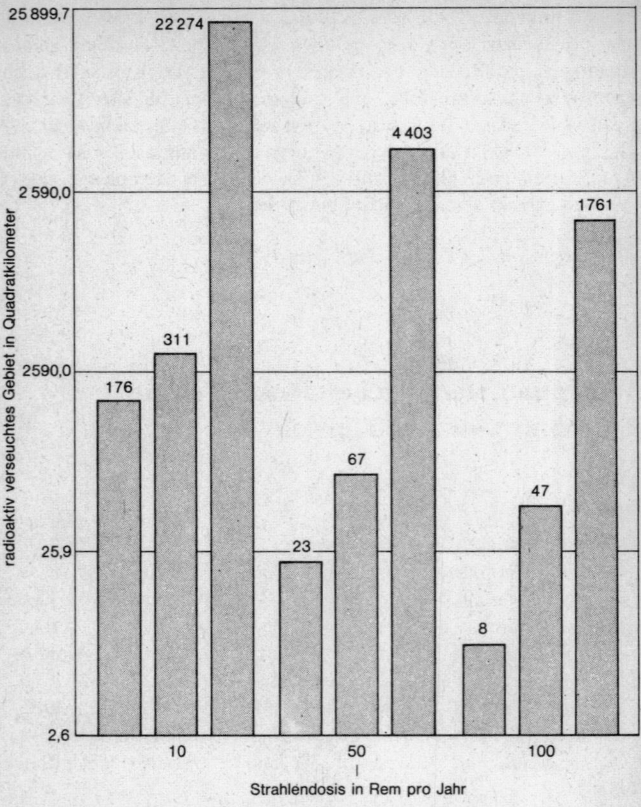

Bild 5: Wie groß das Gebiet ist, das die Überlebenden einer nuklearen Katastrophe nicht mehr bewohnen können, hängt davon ab, welche Strahlendosis sie freiwillig oder gezwungenermaßen zu ertragen bereit sind. Im Frieden gelten schon Dosen von wenigen Rem pro Jahr als nicht tolerierbar, aber in einem Atomkrieg muß die Bevölkerung weit höhere Dosen in Kauf nehmen. Die Säulen stellen die Flächen dar, die ein Jahr unbewohnt bleiben müssen, wenn die Menschen nicht mehr als 10 (linke Dreiergruppe von Säulen), 50 (mittlere Gruppe) oder 100 Rem pro Jahr (rechte Gruppe) aufnehmen sollen. In allen Fällen ist nach dem Typ der nuklearen Katastrophe unterschieden: Die 1., 4. und 7. Säule v. l. beziehen sich auf einen schweren Reaktorunfall, die jeweils in der Mitte einer Dreiergruppe stehenden Säulen repräsentieren die Verhältnisse bei der Detonation einer Atombombe am Boden, und die 3., 6. und 9. Säule bezeichnen die verseuchten Flächen nach dem Abwurf einer Atombombe auf einen Kernreaktor.